VIRUS AS
ESPO.

Nuovi ceppi di covidi e il grande reset, agenda 2030,
chip 5G e passaporti vaccinali?

-

Stato profondo & l'élite - Controllo della
popolazione - un futuro globalista?

Rebel Press Media

Disclaimer

I nostri altri libri

Dai un'occhiata ai nostri altri libri per altre notizie non riportate, fatti esposti e verità sfatate, e altro ancora.

Unisciti all'esclusivo Rebel Press Media Circle!

Riceverai nuovi aggiornamenti sulla realtà non denunciata nella tua casella di posta ogni venerdì.

Iscriviti qui oggi:

https://campsite.bio/rebelpressmedia

Introduzione: Nessuna prova?

Centro nazionale per l'immunizzazione e le malattie respiratorie: Il virus SARS-CoV-2 non è mai stato isolato nemmeno da un paziente - Il direttore del CDC riconosce in TV che i "vaccini" NON prevengono le infezioni

Quindi in effetti era solo l'influenza o qualche altro virus respiratorio esistente. Questo può ora essere detto con certezza dopo che il CDC ha finalmente risposto a diverse richieste di WOB, riconoscendo che nessuna prova può essere data di un virus isolato - e quindi oggettivamente dimostrato di esistere - che causerebbe la Covid-19. Così quello che gli scettici hanno invocato per oltre un anno, e che da allora è stato liquidato da politici e media come "fake news" e "disinformazione", è ora la verità confermata: la crisi della corona è, dal punto di vista medico, una grande bufala. Le persone che sono finite in ospedale molto probabilmente avevano e hanno tutte l'influenza e/o la polmonite. Quindi, è stata una decisione puramente politica, sotto la maschera di un "nuovo" virus respiratorio, per distruggere progressivamente l'economia e la libertà della società per permettere il "Grande Reset" comunista e l'"Agenda 2030".

L'anno scorso abbiamo già segnalato diverse richieste FOIA (= WOB) della giornalista investigativa canadese Christine Massey e del suo team. Lei ha chiesto alle autorità di tutto il mondo la prova scientifica che il virus SARS-CoV-2 fosse stato isolato anche da un solo

4

paziente, e che avrebbe dimostrato di causare la (presunta) malattia "Covid-19". (Vedi anche i nostri articoli del 11-03: € 225.000 di ricompensa offerti per fornire la prova dell'esistenza della SARS-CoV-2; 11-04: 'I laboratori negli Stati Uniti non possono trovare il Covid-19 in nessuno dei 1500 positivi testati" (/ I test in 7 università di TUTTE le persone esaminate hanno mostrato che non hanno il Covid, ma l'influenza A o B) e 20-12-2020: Nonostante 40 richieste di WOB in tutto il mondo, nessuna autorità può fornire la prova della SARS-CoV-2).

Il 7 giugno, c'è stata finalmente una risposta (#21-01075-FOIA) dal CDC: "Una ricerca nei nostri archivi non ha rivelato alcun documento relativo alla sua richiesta. Il National Center for Immunization and Respiratory Disease ci informa specificamente che il CDC non purifica o isola alcun virus Covid-19 nel modo descritto dal presentatore".

Il test completamente sfatato rimane una politica europea di base

In altre parole, il CDC non è mai stato in grado di isolare il virus SARS-CoV-2. Scientificamente, questo elimina ogni base per supporre che un "nuovo" virus causi una "nuova" malattia. Recentemente, il CDC ha deciso di bandire il test PCR a partire dal 1° gennaio 2022, proprio perché non è in grado di distinguerlo da una normale influenza, e perché l'enorme numero di falsi positivi

5

rende comunque questo test completamente inaffidabile.

(E tuttavia questo test totalmente sfatato continua ad essere abusato dai governi europei per misure di esclusione ancora più oppressive e discriminatorie e presto nuove chiusure totalitarie).

Il sito web del Dr. Robert O.Young indica altri documenti del CDC che dimostrerebbero che il virus HPV, il virus del morbillo, il virus MERS, il virus Zika e il virus della polio, tra gli altri, non sono mai stati isolati e purificati da un paziente (lo stesso vale per il virus HIV). Il CDC ha inventato la scienza dietro le "pandemie" globali per decenni, usando i media per creare un'isteria di massa quando non esisteva nessuna pandemia", osserva Mike "Natural News" Adams.

Bufala del virus Zika

Un altro esempio recente è il virus Zika, di cui abbiamo anche parlato. I media mainstream hanno diffuso la paura sostenendo che questo "virus Zika" ha causato la microcefalia (crani più piccoli/malformati) nei bambini. Alle aziende farmaceutiche sono stati dati miliardi per sviluppare un vaccino, ma il virus Zika si è rivelato essere nient'altro che l'ennesima montatura.

In effetti, c'erano prove evidenti che i difetti di nascita erano in realtà causati dai precedenti vaccini, e un "virus" fu falsamente incolpato per assicurarsi che il vero colpevole non fosse noto al pubblico.

Il direttore del CDC riconosce che i vaccini non prevengono le "infezioni

La bufala completa della corona sta cadendo a pezzi ora che la direttrice del CDC Dr. Rochelle Walensky ha ammesso in TV che i 'vaccini' NON prevengono le infezioni. Che ci siano o meno infezioni con virus e varianti che possono esistere o meno è irrilevante qui. Ciò che conta è che uno dei più alti capi medici degli Stati Uniti sta confermando che i 'vaccini' Covid-19 sono completamente inutili in termini medici, e il 'test/passaporto del vaccino' non è altro che la prova dell'assoluta obbedienza cieca a un'agenda politica, e non del proprio 'stato immunitario'.

Le iniezioni di proteina Spike ('prop pricks') sono armi biologiche mortali".

Mentre il virus Covid-19 non sembra essere altro che un virus del raffreddore rietichettato, la nanoparticella tossica della proteina spike - ora iniettata tramite "vaccini" - è un'arma biologica mortale iniziata negli Stati Uniti e fortificata con i soldi dei contribuenti americani a Wuhan", scrive Adams. 'Ora sembra chiaro che lo scopo dell'isteria Covid era quello di far accettare in massa alla gente iniezioni di proteine spike (codificanti), deliberatamente etichettate falsamente come 'vaccini'.

Queste proteine spike causano coaguli di sangue, ed è per questo che il Covid vax è ora chiamato 'clot shot' (il 'clot prick'). (Vedi anche il nostro articolo del 14-07: Medico canadese testa i suoi pazienti vaccinati: Il 62% ha già coaguli di sangue). Causano anche danni neurologici, emorragie cerebrali, attacchi cardiaci, aborti spontanei e danni complessivi ai vasi sanguigni, anche secondo il Salk Institute mainstream (estremamente pro-vaccino)".

La proteina spike è stata sviluppata come arma biologica per causare una serie di sintomi falsamente chiamati 'Covid', che vengono poi utilizzati per far passare ancora più iniezioni di ancora più armi biologiche (spike). Il 'virus' Covid-19 è solo un miscuglio di virus del raffreddore e dell'herpes... Lo scopo di tutto questo? Spopolamento".

Ogni persona che collabora è complice di crimini contro l'umanità

La proteina spike è un'arma di spopolamento", ha continuato Adams. Il 'vaccino' è un'iniezione di sterminio/suicidio simile a Soylent Green, confezionata come una 'droga'. La 'pandemia' era un'isteria mediatica intesa a provocare il panico in modo che la gente chiedesse a gran voce un vaccino in massa e non resistesse a queste iniezioni di sterminio. Ciò significa che molti di coloro che hanno ricevuto questa iniezione saranno presto morti, perché l'intero scopo di questa falsa pandemia è di sbarazzarsi di miliardi di persone in questo mondo".

Questo significa anche che ogni persona che partecipa a questo è complice dell'omicidio genocida e dei crimini contro l'umanità. Questo include giornalisti, scienziati, medici, politici, funzionari della FDA/CDC/WHO (/RIVM/GGD/EMA), e persino farmacisti e infermieri locali che stanno infilando questi colpi mortali in uomini, donne, bambini e anziani. Paragonato ai loro crimini contro l'umanità, l'olocausto della seconda guerra mondiale è un gioco da ragazzi. Infatti, durante l'Olocausto dei vaccini Covid, miliardi di persone potrebbero essere uccise prima che questi criminali siano fermati".

State assistendo a una campagna di sterminio di massa".

In sostanza, state assistendo a una campagna globale di sterminio di massa travestita da risposta di salute pubblica a una pandemia. Questa è la più sinistra e diabolica bufala "scientifica" mai perpetrata nella storia della civiltà moderna. È, in tutta onestà, un tentativo globalista di estinzione dell'homo sapiens, una sorta di "pulizia etnica" planetaria per liberare il mondo dagli esseri umani (di gran lunga la maggior parte) e spianare la strada a qualsiasi scenario folle abbiano in mente dopo".

È ora che tutti gli esseri umani che vogliono salvare la razza umana si sollevino pacificamente e si oppongano a questo tentativo di sterminio genocida dell'umanità".

Politici come il senatore Rand Paul stanno quindi esortando tutti a dire semplicemente NO a nuove chiusure, paradenti, allontanamento sociale, test, passaporti Covid, e naturalmente le iniezioni. 'Non possono arrestarci tutti. Non possono tenere tutti i bambini fuori dalla scuola... Non dobbiamo accettare queste misure dannose da questi tiranni insignificanti e deboli burocrati. (Dite:) 'Non vi permetteremo più di danneggiare i nostri bambini quest'anno'.

I globalisti vogliono eliminare qualche miliardo di persone

Siamo stati tutti ingannati, gente", conclude Adams. Niente di tutto questo ha a che fare con la salute pubblica, salvare vite o fermare una pandemia. Questo è un gioco meticoloso e coordinato per indurre la gente a suicidarsi con iniezioni di armi biologiche in modo che i globalisti possano eliminare alcuni miliardi di persone da questo pianeta e imporre la loro tirannia e il loro controllo autoritario sui sopravvissuti".

Può anche essere la copertura per il loro reset finanziario pianificato, che farà crollare la moneta mondiale, distruggerà tutti i "beni" finanziari delle pecore, e trasferirà la proprietà di tutto nelle mani dell'élite globalista.

Se sarà davvero così grave come Mike Adams - e ormai molti altri - teme, non osiamo dirlo in questo momento. Ma una cosa sembra certa: le iniezioni di Covid causeranno una crisi di salute pubblica inimmaginabile con un numero di vittime senza precedenti nella sola Europa.

Questo libro è una compilazione dei nostri articoli pubblicati in precedenza e di nuovi articoli per esporre i vaccini con il giusto contesto, per quanto riguarda argomenti come lo spopolamento e il controllo del mondo da parte dell'élite globalista, se volete saperne di più su argomenti come il grande reset, vi consigliamo di leggere anche gli altri nostri libri, e condividerli con tutti quelli che vi sono cari.

Vogliamo raggiungere il maggior numero di persone possibile, ecco perché continuiamo a pubblicare i nostri contenuti, per essere sicuri che se un titolo viene ignorato, l'altro titolo ottiene comunque l'attenzione di cui questi soggetti hanno bisogno.

Se vogliamo vincere questa guerra contro l'umanità, dobbiamo informare tutti sulla realtà di quello che sta succedendo in questo momento!

Per favore sosteneteci lasciando recensioni positive su ogni piattaforma, così possiamo continuare a spingere la verità là fuori e assicurarci di svegliare più gente possibile. La libertà passa attraverso la verità e possiamo cambiare il nostro futuro solo se abbiamo la maggioranza!

Tabella dei contenuti

Capitolo 1: Le morti da vaccino esposte!

Specialista in malattie infettive: Questa è una bomba a orologeria globale: alla fine QUALSIASI persona vaccinata soffrirà di effetti avversi".

La bugia persistente per mesi che le vaccinazioni Covid-19 rimangono solo nel tessuto muscolare è già stata definitivamente sfatata in diversi studi scientifici. Ora un'autopsia su una persona vaccinata deceduta ha dimostrato che le istruzioni genetiche mRNA - come la proteina spike prodotta dai vaccini - si diffondono effettivamente in tutto il corpo a tutti gli organi. Uno specialista di malattie infettive scioccato del New Jersey, che non ha voluto essere nominato per paura di rappresaglie, ha risposto che "questo significa che alla fine OGNI persona vaccinata sperimenterà effetti collaterali avversi. E poiché le persone vaccinate sono state trasformate in 'fabbriche di picchi' permanenti da questo mRNA, questi effetti saranno molto probabilmente irreversibili. Questa è una bomba a orologeria globale", è quindi la sua conclusione.

L'autopsia su un uomo vaccinato al Covid si dice sia stata la prima del suo genere, e ha rivelato che nell'uomo deceduto di 86 anni, "l'RNA virale" è stato trovato in quasi tutti i suoi organi 24 giorni dopo l'iniezione.

Nessun Covid, test negativo, poi ADE causato da una combinazione vaccino-virus fatale

Dopo la sua prima iniezione Pfizer il 9 gennaio, l'uomo ha sviluppato crescenti problemi di salute, richiedendo il ricovero dopo 18 giorni. Tuttavia, non aveva sintomi clinici di Covid, e anche il suo test era negativo. Il rapporto post-mortem afferma quindi che "nessun cambiamento morfologico dovuto al Covid" è stato trovato nel suo corpo.

Le autorità mediche dicono che l'86enne ha contratto il Covid attraverso un altro paziente del reparto, ma l'autopsia dimostra che il danno ai suoi organi è stato fatto prima del suo ricovero. Questo in realtà lascia solo una causa: il vaccino. E quando l'uomo è stato effettivamente infettato in ospedale, non ha avuto alcuna possibilità, e ha avuto una reazione ADE (Antibody Dependent Enchancement), di cui numerosi scienziati indipendenti (come il professor Pierre Capel) ed esperti hanno avvertito per mesi.

RNA del virus creato dall'mRNA del vaccino?

Il vaccino non poteva impedire al virus di penetrare in ogni organo", scrive il conduttore radiofonico americano Hal Turner. Tuttavia, c'è un'altra possibile spiegazione: che l'"RNA virale" sia stato in realtà creato dall'mRNA del vaccino.

Infine, tutti i vaccini autorizzati in Occidente codificano il corpo per produrre la proteina spike del (presunto) virus. Un recente studio della Pfizer in Giappone ha dimostrato che solo questa proteina spike - intenzionalmente modificata per legarsi meglio ai recettori umani ACE2 - è responsabile di tutti i danni alla salute, e si diffonde in tutto il corpo dopo la vaccinazione, anche al cervello, come dimostrato anche in un recente studio di Nature Neuroscience.

In sintesi, la deduzione logica è:

* se il corpo è pieno di 'RNA virale', che avrebbe causato la morte del paziente

* ed è stabilito che solo la proteina spike è la parte pericolosa del virus

* e i vaccini mRNA istruiscono il corpo umano a fare proprio quella proteina spike

* in modo tale che aderisca alle cellule umane anche meglio della proteina spike virale.

* allora il paziente è morto come risultato di un ADE causato da quella proteina spike

* che deve essere venuto (principalmente) dal vaccino, perché non aveva Covid-19 quando è stato ricoverato con problemi di salute 18 giorni dopo la sua vaccinazione.

Le persone che ancora dicono agli altri e a se stessi che sono stati "vaccinati mesi fa e non hanno nulla di cui preoccuparsi" dovrebbero anche considerare che le conseguenze di queste modifiche deliberate del DNA possono essere paragonate al cancro: può svilupparsi molto rapidamente, ma anche molto lentamente. Solo che, una volta che c'è, non va mai via da solo.

I vaccini stanno già influenzando il giudizio?

'Bisogna pensare', abbiamo appena scritto. Ma alcune persone vaccinate possono ancora farlo? Abbiamo ricevuto un messaggio da un contatto che ha scritto di aver cercato disperatamente di tenere due dei suoi amici fuori dal vaccino. Senza successo. Entrambi gli amici si sono vaccinati comunque; uno ora soffre costantemente per il suo cuore che batte forte, l'altro ha dovuto essere ricoverato in ospedale con una grave trombosi (informazioni anonime pubblicate con il permesso).

E avete indovinato: i medici coinvolti hanno dichiarato ancora prima della diagnosi e dell'esame che non poteva essere dovuto al vaccino. E le vittime hanno bizzarramente creduto anche a questo. Si tratta, naturalmente, di speculazioni, ma questa incapacità di pensare logicamente, di fare buoni giudizi, di trarre conclusioni, è forse il risultato di un danno cerebrale causato da quegli stessi vaccini?

Una bomba a orologeria globale

Uno specialista di malattie infettive nel New Jersey ha detto di essere rimasto enormemente scioccato quando ha letto il rapporto dell'autopsia. La gente pensa che solo una minoranza soffra di effetti collaterali del vaccino. Sulla base di questo studio, significa che alla fine tutti avranno effetti collaterali, perché queste proteine spike si legano ai recettori ACE2 in tutto il corpo".

Quell'mRNA sarebbe dovuto rimanere nel sito di iniezione, ma non lo fa. Questo significa che anche le proteine spike prodotte dall'mRNA arriveranno in ogni organo. E sappiamo che è questa proteina spike che fa il danno".

Capitolo 2: la Cina lavora con gli Stati Uniti?

Perché la Cina NON ha usato la contestata tecnologia mRNA/DNA nei suoi vaccini? - Direttore del NIH: "Anche la SARS-1 e la MERS vengono da lì

E ancora un'altra "teoria della cospirazione" che si rivela essere un fatto concreto, smascherando così l'ennesima bugia perpetuata per mesi dai media e dai politici mainstream. Il Dr. Francis Collins, l'attuale direttore del National Institutes of Health (NIH) americano, ha ammesso francamente in un'intervista che gli americani e i cinesi hanno collaborato per rendere il coronavirus più contagioso per gli umani ('gain of function') nel laboratorio biohazard-4 di Wuhan. Il dottor Anthony Fauci, che è sempre più nei guai a causa delle sue molte bugie che ora sono state provate, ha negato al Senato in marzo che lui e il suo collega Collins avevano finanziato la ricerca sul "guadagno di funzione" nel laboratorio di Wuhan. Ora sembra aver commesso spergiuro su questo.

SARS e MERS vengono da lì

Le dichiarazioni di Collins sono anche altamente incriminanti per il dottor Peter Daszak, che attraverso la sua Ecohealth Alliance ha ricevuto sostanziali sovvenzioni dal NIH per finanziare la ricerca sul "guadagno di funzione" a Wuhan. Collins ha spiegato in dettaglio come il NIH e l'Istituto di virologia di Wuhan lavorano insieme. Ha insistito che c'è una "buona ragione" per questo, dato che sia la SARS-1 che la MERS "sono nate lì".

Mike 'Natural News' Adams sente in questo che sia la SARS che la MERS provengono dal laboratorio di Wuhan, ma secondo me con 'lì' Collins intendeva la Cina in generale. Infatti, la SARS-1 è emersa per la prima volta in Cina nel 2003. La sua diffusione è stata successivamente limitata ad altri quattro paesi.

Tuttavia, la MERS è stata individuata per la prima volta in Arabia Saudita nel 2012 (vedi anche il nostro articolo di ieri: Le riviste mediche annunciano una potenziale nuova pandemia: MERS-CoV). Adams ha quindi ragione di chiedersi, dopo tutto, se "Collins ha più informazioni che questi coronavirus relativamente nuovi e mortali (SARS, MERS) provengono entrambi dal laboratorio di Wuhan?

La teoria del complotto si rivela un fatto concreto

I dottori Collins, Daszak e Fauci hanno lavorato direttamente con la famigerata 'donna pipistrello' Dr. Shi Zhengli, che è finanziata e ricompensata dal Partito Comunista Cinese (CCP), secondo i rapporti della stampa del laboratorio di Wuhan. L'Istituto di virologia di Wuhan è anche il centro di un 'Gruppo del Fronte Unito' istituito per neutralizzare ogni potenziale opposizione e critica al PCC. Quando il laboratorio è stato identificato come possibile fonte del coronavirus l'anno scorso, la Cina ha bloccato un'indagine dell'OMS su di esso. Poi, per mesi, il dottor Fauci ha proclamato le bugie cristalline ora provate, e ha persino commesso spergiuro su questo.

Lo stesso vale per il dottor Daszak, regolarmente citato dai media occidentali, che continuava a insistere che un'origine artificiale del virus, cioè una "fuga di laboratorio" - intenzionale o meno - era una "teoria del complotto". Gli scienziati che facevano notare le molte incongruenze e le prove concrete che la teoria della zuppa di pipistrello o del mercato dei frutti di mare, accettata come "vera" anche in Europa, è una pura sciocchezza, venivano virulentemente attaccati e oscurati. Questo è successo persino allo scopritore dell'HIV e premio Nobel Luc Montagnier.

Camminare con le fabbriche di COVID

Fauci, Daszak e altri scienziati del sistema hanno anche fatto di tutto per iniettare l'intera popolazione mondiale con "vaccini" sperimentali di manipolazione genetica, che ora hanno dimostrato di trasformare le persone in "fabbriche di picchi" ambulanti che vengono anche "sparsi" (esalati) nell'ambiente. In articoli precedenti abbiamo sottolineato il crescente numero di studi scientifici e rapporti che quei "picchi" esalati possono anche causare danni alla salute delle persone non vaccinate.

Se questo viene messo alla luce dei "Fauci Files" trapelati, da cui è emerso che il coronavirus è stato già indicato internamente come un "arma biologica" creata deliberatamente l'11 marzo 2020, allora emerge un quadro terrificante che è probabilmente troppo per la maggior parte delle persone a prendere tutto in una volta.

I vaccini cinesi non contengono mRNA - perché non lì e qui?

Considerate quanto segue: subito dopo lo scoppio della pandemia di corona, la Cina ha condiviso con il mondo tutte le informazioni sul (presunto) virus SARS-CoV-2, compreso il piano completo di costruzione genetica. Su questa base, in America, Europa, Russia e India sono stati sviluppati nuovi vaccini basati sulla tecnologia dell'mRNA e del DNA, mai usati o testati sugli esseri umani, con i quali si sta ora conducendo il più grande esperimento medico della storia iniettandovi il maggior numero possibile di persone e persino di bambini.

Tuttavia, i vaccini cinesi non contengono questa tecnologia mRNA/DNA. Lì, la società e l'economia hanno funzionato normalmente per un bel po' di tempo. Quale potrebbe essere la ragione per cui i cinesi non hanno voluto iniettare istruzioni di mRNA nella loro popolazione? Erano forse pienamente consapevoli dei rischi giganteschi che ciò avrebbe comportato?

Una domanda ancora più importante: perché è stato e viene fatto qui?

Capitolo 3: Facebook comprato da Big Pharma?

Judicial Watch fornisce prove dopo la richiesta di WOB di una stretta collaborazione tra Facebook, il CDC e la Fondazione Bill & Melinda Gates nella manipolazione della copertura della pandemia di corona - il Ministero della Verità ha completamente spostato il vero giornalismo in Occidente verso canali alternativi

Non importa quanto le vostre fonti si siano di solito dimostrate affidabili, a volte si commette un errore di giudizio basato su informazioni convincenti, come è successo ieri con l'articolo su un presunto campo di concentramento in Canada, che si è rivelato essere una struttura per i lavoratori che lavorano su un nuovo gasdotto. (I nostri grandi ringraziamenti ad alcuni lettori che ce lo hanno fatto notare. Leggere attivamente e pensare insieme, e correggere se necessario, è molto apprezzato)! Naturalmente, i "fact checkers" dei media mainstream saltano immediatamente su questo tipo di rapporti parzialmente errati, ma quanto sono affidabili essi stessi quando si considera che per esempio il noto Factcheck.org (Facebook) è finanziato dalla società madre del produttore di vaccini Johnson & Johnson?

Il membro del Congresso degli Stati Uniti Thomas Massie lo ha recentemente sottolineato in diversi tweet quando Facebook ha rimosso ancora una volta la cosiddetta "disinformazione" sui vaccini. Il Factcheck.org usato da Facebook è infatti finanziato dalla Fondazione Robert Wood Johnson, il cui CEO Richard Besser è non del tutto casualmente un ex direttore del CDC. La fondazione detiene più di 1,8 miliardi di dollari in azioni della Johnson & Johnson, uno dei quattro principali produttori di vaccini Covid-19.

Il Ministero della Verità ha soppiantato il vero giornalismo

Questo è assolutamente ingannevole, perché avete davvero pensato che il "fact checker" di Facebook avrebbe pubblicato o confermato qualsiasi rapporto negativo sui prodotti del suo più grande finanziatore? Naturalmente no - factcheck.org è - proprio come gli altri grandi verificatori di fatti dei media - uno strumento di propaganda dell'industria farmaceutica, di Big Tech e della politica del sistema globalista.

I "fact checkers" ufficiali sono diventati una parte centrale dell'orwelliano "Ministero della Verità" che in Occidente ha completamente spostato il giornalismo una volta indipendente in canali alternativi.

Certamente in Europa, quasi TUTTI i rapporti dei media mainstream su temi importanti come la salute, i vaccini, il clima, l'energia, l'immigrazione, la scienza e la società sono politicizzati e inquadrati, destinati a darvi una percezione di una realtà prescritta che ha poco o niente a che fare con la verità.

Facebook / CDC / Bill Gates collaborano strettamente sulla narrazione della corona

Altre notizie su Facebook (/ 'Fakebook'): il noto 'watchdog' Judicial Watch ha pubblicato le prove ottenute tramite una richiesta WOB (2469 documenti, comprese le email ufficiali) che mostrano che Facebook lavora a stretto contatto con il CDC nel controllare e manipolare la segnalazione della corona p(l)andemica. Facebook ha anche fornito al CDC 3 milioni di dollari di spazi pubblicitari gratuiti.

Per esempio, il 26 gennaio 2020, pochi giorni dopo che un alto funzionario della Bill & Melinda Gates Foundation ha messo il CDC in contatto con Facebook, il gigante dei social media ha informato il CDC quali azioni sarebbero state intraprese per combattere la "disinformazione" sul Partito comunista cinese (PCC) e il virus "Wuhan". Sotto il titolo "FB coronavirus narrative", Facebook ha detto che stava lavorando con più di "60 organizzazioni di fact-checking" che rivedono i post in più di 50 lingue per il loro contenuto.

Abbiamo enfatizzato la parola 'narrativa' perché sottolinea ancora una volta il fatto che è stato deciso fin dall'inizio che solo una versione desiderata predeterminata dello scoppio di questo presunto virus doveva apparire nei media. Corona era allora ancora principalmente limitato alla Cina, ma in tutto il mondo i media e i fact checker erano preparati e istruiti a manipolare la popolazione per adottare solo questa versione ufficiale.

Bill Gates è anche il più grande sponsor del "fact checker" Politifact, che è usato da Facebook e Google per diffondere disinformazione sulle iniezioni di terapia genica Covid-19, come ad esempio che questi sarebbero "vaccini" che sarebbero "provatamente sicuri".

Facebook potrebbe non esistere dopo il 2035

Così Mark Zuckerberg ha mentito spudoratamente quando ha affermato che Facebook "non è il governo". L'economista americano Martin Armstrong ritiene che Facebook "ha ormai perso ogni immunità, e può essere citato direttamente per aver violato i diritti civili di tutti".

Zuckerberg ha così dimostrato di non essere qualificato per gestire una società di queste dimensioni? L'aumento dei prezzi delle azioni non ha nulla a che fare con le sue capacità di gestione". Anche se le stesse statistiche di Facebook mostrano il contrario, l'inevitabile declino non sembra tardare ad arrivare. Armstrong: 'Può pensare di essere un semidio e onnipotente, ma a volte più in alto sono, più in basso cadono. Facebook potrebbe non esistere dopo il 2035".

Capitolo 4: Corruzione e manipolazione?

Google, Facebook e altre Big Tech manipolano l'umanità come mai prima d'ora nella storia" - I fact-checkers hanno dimostrato che i media tradizionali dicono prevalentemente bugie

Il 18 agosto è uscito il documentario già di alto profilo 'Plandemic II: inDOCTORnation'. Nel film, che si può vedere gratuitamente, viene presentato un fatto dopo l'altro sulla manipolazione e la corruzione dei media tradizionali e sociali, Bill Gates, l'industria dei vaccini, e i ben noti 'esperti' della corona usati dai governi per instillare la paura nella popolazione. Questo documentario conclude anche che la bufala globale della pandemia di corona è un'agenda intenzionale per portare tutta l'umanità sotto controllo totale, mentre simultaneamente lava Big Pharma con miliardi di dollari dei contribuenti.

Questo è un documentario imperdibile che vi farà assolutamente cadere dalla sedia e cambierà per sempre la vostra comprensione della totale corruzione dell'establishment 'scientifico' e del sistema medico a scopo di lucro", commenta Mike 'Natural News' Adams. In sostanza, c'è stato un gruppo di persone malvagie che ha creato questo virus e lo ha scatenato nel mondo in modo da poter schiacciare l'umanità e fare miliardi di profitti. Ancora più scioccante è che questa non è la prima volta che ci provano".

Google, Facebook e altre Big Tech manipolano l'umanità come mai prima nella storia

I motori di ricerca (come Google) sono il Santo Graal per coloro che vogliono il controllo sulla narrazione (=cosa viene detto alla gente)", inizia una delle clip più brevi del documento, caricata per rendere le informazioni più accessibili alle molte persone con tempi di attenzione più brevi. Google è già più potente nel controllare la vita delle persone di quasi tutti i governi del mondo".

In un'udienza del Congresso degli Stati Uniti, uno psicologo ha testimoniato che Google, Facebook e Twitter e altre aziende 'Big Tech' sono in grado di manipolare 15 milioni di elettori per votare o non votare per un particolare candidato o partito solo negli Stati Uniti. E i metodi che usano sono invisibili", ha spiegato il dottor Robert Epstein. Sono subliminali, e più potenti di qualsiasi altro metodo che ho incontrato durante i miei 40 anni di carriera nelle scienze comportamentali".

Zach Vorhies, ingegnere di Google e whistleblower, ha sottolineato che Google ha dichiarato sotto giuramento che non mantiene una 'lista nera', ma che questa era una bugia, perché la lista esiste. Come ingegnere, ho indagato sul motore di ricerca interno di Google. Ho scoperto che hanno messo in lista nera numerosi termini di ricerca, come 'cancer cure' e 'cure cancer'. Perché Google decide cosa la gente può o non può cercare?

Fact-checkers i media mainstream predicano per lo più bugie

Google è cambiato dal miglior motore di ricerca a "una rete per il controllo globale, la raccolta di dati e l'ingegneria sociale", continua il documento. Lo stesso vale per i cosiddetti "fact-checkers". Il famoso Snopes è stato fondato nel 1995 da una coppia che non aveva alcuna formazione, background o esperienza giornalistica. Google è la fonte principale di Snopes per "controllare" se qualcosa è "vero" o "falso".

Di volta in volta, tuttavia, Snopes stesso si rivela essere una fonte di bugie. Per esempio, è stato affermato che non era vero che la dottoressa Judy Mikovits (alla quale abbiamo anche dedicato un ampio articolo su questo sito il 10 maggio) era stata arrestata senza un mandato e senza accuse a causa della sua opinione scientifica critica sui vaccini, e in particolare sui prossimi vaccini Covid-19. Snopes doveva solo richiedere i documenti ufficiali dell'arresto, o consultare gli avvocati della dottoressa Mikovits, per vedere che era davvero la verità.

Politifact di Facebook, che ha una "linea diretta" con l'OMS, è almeno altrettanto manipolativo. Il proprietario di Politifact è il Poynter Institute, che ha ricevuto grandi somme di denaro da Google e dalla Bill & Melinda Gates Foundation. Politifact e FactCheck.org hanno affermato che è 'una teoria della cospirazione' che i brevetti per il coronavirus e i trattamenti per esso sono in giro da anni. 'Tuttavia, hanno esaminato solo 3 dei 4452 brevetti pubblicamente visualizzabili, che mostrano innegabilmente che il coronavirus Sars, la sua rilevazione e il suo trattamento, sono ampiamente brevettati sia nel settore pubblico che privato.'

Telegiornalisti, programmi di attualità, talk show 'al servizio della stessa macchina di propaganda'

Un'intera industria è pagata per attaccare e diffamare i giornalisti e gli informatori, e rovinare la loro reputazione", continua il documento. I conduttori dei telegiornali e dei programmi d'attualità "non sono gli unici attori altamente pagati impiegati dalla macchina della propaganda. La maggior parte dei talk show sono di proprietà degli stessi 'padroni' e seguono lo stesso copione, ma con una battuta in più".

Anche in Olanda è una tattica quotidiana quella di liquidare i critici della politica ufficiale sulla corona, il clima, l'immigrazione, l'UE, eccetera, come 'teorici della cospirazione', citando sempre le frange più estreme (terra piatta / flat earth, cerchi nel grano, rettiliani, ecc.) Anche attraverso i siti web di "opposizione controllata", tutte le critiche serie vengono astutamente spinte in un assurdo angolo "alu hat" o "geeky", con l'intenzione che il cittadino medio non ascolti più nemmeno altre voci serie e circostanziate.

Questa è un'isteria di massa!

Il documento ripete un estratto spesso citato del film 'Network' (1976). In esso, un famoso presentatore televisivo improvvisamente inveisce contro il pubblico in studio: La televisione non è la verità! Abbiamo solo creato delle illusioni, non c'è NULLA di vero! Ma voi, persone di ogni età, colore e specie, vi sedete e ci guardate giorno dopo giorno, notte dopo notte, e cominciate a credere alle illusioni che vi raccontiamo. Cominciate a credere che la TV sia la realtà, e che le vostre stesse vite siano irreali".

Questa è isteria di massa, maniaci! Voi siete reali e noi siamo l'illusione! Quindi spegnete i vostri televisori ORA, e lasciateli spenti!

Un appello che 44 anni molti dovrebbero prendere a cuore. L'unico modo in cui le scaglie possono cadere dai vostri occhi, con cui la vostra deprogrammazione può iniziare, è infatti smettere immediatamente di guardare e ascoltare i ben noti "notiziari" e programmi di "attualità", con i loro leader adulati, che sono meri gestori della percezione per un'élite che da anni lavora duramente per toglierci tutto ciò che abbiamo di più caro, tutte le nostre libertà, e le nostre intere vite e futuri. La bufala della pandemia Covid-19 è il triste culmine di questa isteria di massa senza precedenti alimentata dai media e dalla politica.

Plandemic II approfondisce anche il vero background e le motivazioni di Bill Gates, il tanto discusso Event-201 (intorno alla pandemia di corona già prevista per il

2019), e la frode criminale e la corruzione dell'industria dei vaccini. A causa della lunghezza di questo articolo, sarebbe meglio discuterne in eventuali articoli separati. Inoltre, molte questioni sono state discusse molte volte anche su questo sito.

Capitolo 5: Bugie sui vaccini?

Le persone che sostengono che questi cosiddetti vaccini sono sicuri sono dei cretini" - Ossido di grafene nel vaccino Pfizer o no? Il Fact-checker DPA non trova niente di meglio che "se non è nel foglietto illustrativo, non c'è".

Il dottor Michael Yeadon, ex vicepresidente e capo scienziato della Pfizer, ha rilasciato diverse interviste quest'anno sui "vaccini" Covid-19. Nonostante le sue conoscenze e la sua carriera, viene ora liquidato dai 'fact checkers' come un 'anti-vaxxer' e un teorico della cospirazione che farebbe 'dichiarazioni non comprovate'. Per esempio, Yeadon dice che la maggior parte di ciò che viene affermato dai media e dai politici sui 'vaccini' non è altro che una sciocchezza pseudoscientifica, e che queste iniezioni potrebbero effettivamente rappresentare una minaccia esistenziale per tutta l'umanità. I fact checker, secondo lui, dicono solo bugie. Questo è certamente vero per DPA Factchecking, che recentemente è uscito con una "confutazione" altrettanto inane e fuorviante allo studio spagnolo che ha scoperto l'ossido di grafene nel vaccino Pfizer: "Se non è nel foglietto illustrativo, non c'è.

In effetti, la fede cieca dei media e la fiducia in Big Pharma, che ha già dovuto pagare milioni in danni nel corso degli anni per aver causato la morte di molte migliaia di malati e disabili, e per aver fornito informazioni difettose e fuorvianti sulla cosiddetta "sicurezza" dei loro "vaccini", è apparentemente così grande che la ragione principale per cui i rapporti e gli studi critici sono etichettati come "non veritieri" o "falsi" è "perché non è nel foglietto illustrativo".

Ossido di grafene

Questo è letteralmente come viene affermato nel 'fact checking' della DPA in seguito alle notizie che gli scienziati spagnoli hanno trovato ossido di grafene nel vaccino Pfizer (vedi il nostro articolo del 05-07: Spanish university scientists discover graphene oxide nanoparticles in Pfizer vaccine). Poiché l'ossido di grafene è stato ora trovato anche in un campione del vaccino AstraZeneca, gli scienziati e i giornalisti onesti dovrebbero almeno chiedere ulteriori indagini su questo, soprattutto perché l'uso dell'ossido di grafene nei vaccini e nei farmaci è stato seriamente studiato per anni. Una combinazione di mRNA PEG stratificato con ossido di grafene potrebbe tecnologicamente già essere usato nei vaccini.

L'ossido di grafene, utilizzato principalmente nei filtri di CO_2 e nell'elettronica come i telefoni cellulari, i trasmettitori 5G e i pannelli solari, è lontano dall'essere considerato sicuro per l'uso di massa in prodotti medici e altri prodotti umani a causa della sua tossicità. Il grafene è anche usato per filtrare virus, batteri e sostanze chimiche dai liquidi, ed è stato trovato in Canada all'inizio di quest'anno nei famosi paradenti blu. Questi esemplari sono stati immediatamente banditi dalle scuole a causa del pericolo dimostrato di inalazione e conseguenti danni ai polmoni. Ben 31,1 milioni di questi paradenti erano stati distribuiti nel frattempo.

Se c'è anche solo il sospetto che i prodotti alimentari nei supermercati possano essere stati contaminati con una certa sostanza che può causare reazioni allergiche, per esempio (e che non sono nemmeno elencati sull'etichetta), allora come misura precauzionale quei prodotti vengono immediatamente ritirati dal mercato, e i consumatori sono invitati a non usarli e a restituirli al negozio. Allora perché questo non viene fatto con questi vaccini? Dopo tutto, è stato un team scientifico dell'Università di Almeria a scoprire l'ossido di grafene in un vaccino Pfizer. Perché il governo non ha fatto molti più controlli a campione subito dopo?

E quando è stata l'ultima volta che avete comprato frutta o verdura con un adesivo che conteneva ingredienti come gli speciali rivestimenti commestibili usati per mantenere i prodotti freschi più a lungo e/o per preservarne il colore? In breve, tutt'altro che tutti gli ingredienti devono essere rivelati ai consumatori. Abbiamo imparato da un buon contatto qualche anno fa che le carote confezionate che si comprano al supermercato sono così dolci perché sono "iniettate" (/ rivestite) con uno speciale dolcificante che NON deve essere rivelato sulla confezione.

Fact-checking Reuters: "ridicole sciocchezze

L'agenzia di stampa Reuters ha sostenuto in un articolo di "fact checking" che il Dr. Yeadon ha usato "un mix di straw men e fabulazione" quando ha detto che la diffusione asintomatica è una bugia, e che il concetto di varianti usato è "idiota". In effetti, è sempre stato indiscusso nella scienza che non esiste una cosa come le infezioni asintomatiche - fino all'alba del 2020, e tutti i principi scientifici prevalenti, compresa l'immunità naturale di gruppo, sono stati improvvisamente gettati nella spazzatura, e sostituiti con ragionamenti senza senso che rasentano la follia, per non parlare della vera e propria propaganda menzognera.

La risposta di Yeadon: 'C'è un fantastico documento peer-reviewed che dimostra che l'infezione domestica nei casi asintomatici era in realtà ZERO. E posso mostrare diversi buoni documenti che mostrano che le cellule T nei casi convalescenti o immunocompromessi riconoscono TUTTE le varianti precedentemente conosciute, come ci si potrebbe aspettare basandosi sui fondamenti dell'immunologia. Le sciocchezze del loro documento sugli anticorpi sono ridicole".

Le persone che chiamano questi vaccini sicuri sono "idioti

Ancora una volta, l'ex amministratore delegato e responsabile scientifico della Pfizer non nasconde la sua rabbia per quello che sta succedendo. Le persone che sostengono che questi cosiddetti vaccini sono "sicuri" lui chiama letteralmente "cretini". Infatti, anche i dati ufficiali occidentali (VAERS, Yellow Card e EMA) mostrano che queste iniezioni stanno causando un vero massacro senza precedenti nella storia della medicina. L'EMA avrebbe potuto saperlo, ma ha ignorato tutti gli appelli aperti e gli avvertimenti degli scienziati che questi "vaccini" stanno per causare coaguli di sangue nella maggior parte delle persone, e quindi dovrebbero essere ritirati immediatamente.

Iniettare donne incinte trova Yeadon ancora più spaventoso. 'Nessuno sano di mente dà trattamenti sperimentali a donne incinte. Questo è sconsiderato, soprattutto perché i test riproduttivi sono incompleti". Infatti, questi non sono stati completati l'anno scorso per queste iniezioni, come dichiarato anche dal foglietto illustrativo della Pfizer. Recentemente, sono emerse cifre scioccanti: ben l'82% di un grande gruppo di donne incinte vaccinate ha subito un aborto spontaneo dopo la vaccinazione.

I test sono stati fatti recentemente con i topi, però. I ricercatori hanno scoperto "una concentrazione particolarmente inquietante" di sostanze del vaccino nelle ovaie. Un documento molto recente ha dimostrato che entro pochi giorni dalla vaccinazione, le giovani donne producono anticorpi contro la sincitina-1", una proteina che è fondamentale per il successo di una gravidanza.

Nel dicembre 2020, Yeadon e altri scienziati hanno presentato un'altra petizione all'EMA, sottolineando la cross-reattività tra la proteina spike e la sincitina-1 umana. Con gli eventi attuali che lo confermano, il rischio di infertilità di massa nelle donne e ragazze vaccinate dovrebbe essere una notizia da prima pagina ovunque.

I politici dovrebbero essere perseguiti per crimini contro l'umanità

Yeadon chiama l'intera campagna di vaccinazione una "bufala". Il numero di morti da vaccino negli Stati Uniti e nell'Unione Europea si è attestato recentemente a circa 27.000, e il numero di persone con gravi (spesso permanenti) danni alla salute è già nelle molte centinaia di migliaia. Dove sono le proteste popolari contro questo? Dove sono i parlamentari che fanno domande critiche su questo di gran lunga il più grande scandalo medico di tutti i tempi?

I politici e le istituzioni che ora impongono questi vaccini con forza crescente "dovrebbero essere tutti rinchiusi in un istituto di alta sicurezza", continua Yeadon. Solo in Gran Bretagna, secondo lui, una dozzina di personaggi pubblici potrebbero essere arrestati immediatamente e perseguiti come criminali.

Poiché nella maggior parte dei paesi sta accadendo la stessa cosa che in Gran Bretagna - e a volte peggio - "questo flagello è un inganno di proporzioni senza precedenti, e si stanno commettendo crimini contro l'umanità su una scala gigantesca", ritiene l'ex vicepresidente della Pfizer. A giugno, ha accusato i governi e i loro consiglieri che hanno fatto passare questi vaccini di "omicidio di massa".

Capitolo 6: Infezioni da vaccino?

Pfizer riconosce la "diffusione" di sostanze potenzialmente pericolose infuse nel vaccino da persona a persona attraverso il respiro e il contatto con la pelle

Uno studio del più grande produttore di "vaccini" Covid-19, la Pfizer, avverte che le persone vaccinate possono trasmettere alcuni componenti del "vaccino" ad altri semplicemente avendo un contatto personale con loro. Le donne incinte e il loro bambino non ancora nato o neonato sono quindi a rischio. Ancora una volta, questo dimostra che lo 'spargimento' di sostanze 'vaccinali' potenzialmente dannose come le proteine spike, di cui abbiamo parlato molte volte quest'anno, non è assolutamente una teoria del complotto.

L'esposizione all'intervento di studio durante la gravidanza o l'allattamento e l'esposizione professionale deve essere segnalata a Pfizer Safety entro 24 ore dalla divulgazione allo sperimentatore", afferma il documento sullo studio clinico condotto.

L'intervento dello studio si riferisce all'iniezione di mRNA Covid. Dopo tutto, è su questo che si concentra lo studio. Esposizione' non significa iniezione / 'vaccinazione', ma che qualcuno che NON è stato iniettato si avvicina fisicamente a qualcuno che è stato iniettato. Inoltre, può anche riferirsi a una persona non iniettata che tocca il liquido di una bottiglia di vaccino.

Pericolo per le donne incinte e che allattano, e per i loro bambini

In questo particolare studio, questo si riferisce a donne incinte o che allattano non iniettate, per esempio, un lavoratore in un laboratorio o struttura di test dove vengono somministrate le iniezioni di Covid. Se ciò accade, Pfizer lo chiama una "situazione di sicurezza", un incidente di sicurezza che deve essere segnalato entro 24 ore.

In breve: una dipendente del laboratorio che è incinta o che sta allattando e si avvicina a una persona vaccinata dovrebbe segnalarlo il più presto possibile. Perché? Chiaramente perché c'è un pericolo per il suo bambino non ancora nato o per il suo neonato, al quale quel pericolo può essere trasmesso attraverso il latte materno.

Quindi una tale donna ha solo bisogno di avvicinarsi a qualcuno che ha già ricevuto il "vaccino". Niente di più. Questo significa che ci può essere un trasferimento di componenti del "vaccino" da una persona all'altra, cosa che la Pfizer riconosce essere un PERICOLO per le donne incinte e che allattano e i loro bambini.

Dal documento, "Un EDP (esposizione al vaccino durante la gravidanza) si verifica quando un partecipante maschio che sta ricevendo o ha interrotto l'intervento dello studio espone una partner femminile prima o durante il periodo del concepimento. (grassetto aggiunto)

Così, un uomo vaccinato che si avvicina fisicamente alla sua compagna non vaccinata - e questo non deve nemmeno essere sesso - presenta anche una situazione pericolosa per la donna che sta per avere un bambino, che vuole avere un bambino o che ha appena avuto un bambino, e per il bambino stesso. Quindi, c'è il pericolo di gravi danni, malattie o aborti spontanei solo trasferendo le particelle del "vaccino" da una persona iniettata a una persona non iniettata.

Contaminazione dopo inalazione o contatto con la pelle

Il documento della Pfizer fornisce un esempio di una situazione pericolosa che dovrebbe essere segnalata immediatamente: "Un membro femminile della famiglia o chi si prende cura di lei riferisce di essere incinta dopo essere stata esposta all'intervento dello studio tramite inalazione o contatto con la pelle...

Il "contatto ravvicinato" comprende quindi l'inalazione di sostanze "vaccinali" esalate. Ci si può infettare anche per semplice contatto. E no, questo non vale solo per le persone che lavorano nei laboratori, nelle linee di test o negli ospedali. Pfizer sta parlando in generale di PERSONE, una delle quali è stata vaccinata e l'altra no, e del trasferimento di particelle di 'vaccino' da una persona all'altra.

Che lo si chiami "trasferimento", "spargimento" o "infezione" non ha importanza. La Pfizer avverte per un motivo che una tale situazione deve essere segnalata al dipartimento di sicurezza entro 24 ore. Quindi l'azienda sapeva in anticipo che il loro prodotto poteva causare danni alle donne che sono incinte, che vogliono rimanere incinte, che stanno allattando, E agli stessi bambini -non nati o nati-. Anche i governi erano consapevoli di questo pericolo; vedi per esempio il nostro articolo dell'8 giugno: La Germania limita il diritto fondamentale all'integrità fisica e approva l'esalazione delle proteine spike da parte delle persone vaccinate ** (/ (/ Lo "spargimento" delle proteine spike da parte delle persone vaccinate era già noto alle autorità tedesche l'anno scorso, ma era tenuto nascosto al pubblico).

(** Per la cronaca, le proteine spike non sono nelle iniezioni, ma sono prodotte nel corpo dalle iniezioni).

Qualcuno potrebbe ancora sostenere che una donna incinta potrebbe aver avuto un contatto con una persona vaccinata durante la vaccinazione dove alcune goccioline dall'ago potrebbero essere cadute sulla sua (o la sua) pelle. Tuttavia, questo è altamente improbabile. Pfizer non menziona un periodo di tempo nel documento, ma semplicemente delinea lo scenario che l'uomo A) è stato vaccinato, e B) ha avuto un contatto ravvicinato con una partner femminile ad un certo punto. Questo potrebbe essere stato giorni o addirittura settimane dopo. Qualsiasi goccia fuoriuscita sarebbe stata molto lontana per allora.

82% di aborti spontanei dopo l'iniezione di Pfizer

Il foglietto illustrativo e le istruzioni per la cura discusse ampiamente su questo sito affermavano inequivocabilmente che il vaccino Pfizer NON deve essere somministrato a donne incinte, a donne che intendono rimanere incinte entro un breve periodo di tempo, e a donne che stanno allattando. Tuttavia, questo è stato fatto fin dall'inizio in tutto il mondo, in parte perché Pfizer ha annullato le avvertenze iniziali per motivi non chiari.

Le conseguenze di ciò sono state viste recentemente in un altro studio scientifico: ben l'82% delle 127 donne studiate che si trovavano nelle prime 20 settimane di gravidanza e che erano state comunque iniettate, hanno avuto un aborto spontaneo.

Attacco con armi biologiche per la sopravvivenza dell'umanità?

Quanto sopra non vale solo per il vaccino Pfizer; qualche mese fa il co-fondatore di Moderna e anche co-sviluppatore della tecnologia mRNA ha riconosciuto che le persone vaccinate possono effettivamente "spargere" le sostanze del vaccino come la proteina Spike nel loro ambiente.

Nonostante questi fatti sciocanti, quasi tutti i politici del mondo stanno imponendo queste iniezioni alle loro popolazioni con misure sempre più coercitive, e vogliono darne ancora di più, anche a bambini sempre più piccoli.

Le indicazioni stanno aumentando che potremmo davvero trovarci di fronte a un attacco diretto con armi biologiche per la sopravvivenza dell'umanità. Un attacco che in realtà è stato apertamente annunciato da globalisti come i Rockefeller, Ted Turner e Bill Gates, che non hanno mai fatto segreto del fatto che credono che ci siano troppe persone in giro su questo pianeta, e qualcosa deve essere fatto attivamente per "rimuovere" la stragrande maggioranza.

Capitolo 7: Nessuna fuga?

Un membro del governo canadese ha svelato la tabella di marcia globale verso un comunismo totalitario nell'ottobre 2020 in cui nessuno possiede nulla e tutti devono essere vaccinati obbligatoriamente!

Ancora un altro paese che conferma una tendenza particolarmente preoccupante: dopo l'inizio della campagna di vaccinazione Covid-19, il numero di malati e morti esplode a Taiwan. La stessa cosa è successa prima in India, Cile e Seychelles, tra gli altri, dove sono stati distribuiti più colpi (AstraZeneca) che persone vive, dopo di che ci sono stati 146 volte più morti in 4 mesi che per la corona l'anno scorso. E come abbiamo previsto da tanto tempo, le autorità si rifiutano di indicare i vaccini come causa, non importa quanto sia evidente il legame statistico. Ma i "vaccini" - scusa: terapia genetica sperimentale/manipolazione - sono ormai dichiarati intoccabili e sacrosanti, e così si sostiene effettivamente che è dovuto a una mutazione.

Taiwan si è liberata della corona all'inizio di quest'anno. Quasi nessuno moriva più di Covid-19, non c'erano quasi più malati, e la vita tornava alla normalità - tranne che per le misere maschere per la bocca, che dovevano ancora essere indossate nei luoghi pubblici. La ragione di questo può essere solo indovinata, dato che non ce n'era una medica.

Nonostante il fatto che l'ennesimo virus respiratorio fosse sotto controllo, il governo iniziò comunque una massiccia campagna di vaccinazione. Questa ha avuto un inizio molto lento a metà marzo, ma a partire da maggio, il numero di persone che si iniettavano l'mRNA/DNA sperimentale è salito improvvisamente alle stelle.

ESATTAMENTE in quel momento il numero di "casi" e di morti è salito alle stelle.

Membro del governo canadese ha rivelato la road map del comunismo totalitario in ottobre

Il conduttore radiofonico americano Hal Turner cita una lettera aperta dell'ottobre 2020 di un membro del governo canadese, che abbiamo anche pubblicato all'epoca. Qui di nuovo le parti più importanti da esso:

Voglio darvi un'informazione molto importante. Sono un membro del comitato del Partito Liberale del Canada. Faccio parte di vari gruppi di comitati, ma le informazioni che do provengono dal comitato del piano strategico (che è controllato dal PMO)". Questo è l'ufficio del primo ministro di sinistra Justin Trudeau, il cui parlamento si è ora dato un potere illimitato e una durata illimitata senza elezioni finché ci sarà ancora una "pandemia". Trudeau è così diventato de facto il primo dittatore del Canada.

Hanno detto molto chiaramente che nulla può fermare il loro risultato pianificato. La tabella di marcia e gli obiettivi sono stati elaborati dal primo ministro, e vanno come segue:" (periodo previsto: fine 2020 - fine 2021)

* 'Introdurre gradualmente le restrizioni del secondo blocco. Iniziate prima con le principali aree urbane e poi espandetevi;

* Ottenere o costruire strutture di isolamento in ogni provincia ad un ritmo rapido;

* Aumentare rapidamente il numero di nuovi "casi Covid" e "morti Covid" in modo che non ci sia più sufficiente capacità di test;

* Completo e totale secondo blocco nel 2021, che è molto più grave del primo nella primavera 2020;

* Presentare la pianificata mutazione del Covid-19 o la "reinfezione" con un secondo virus (forse chiamato Covid-21 (o forse SARS-3 o MERS-CoV), portando a una TERZA ondata con un tasso di mortalità molto più alto e un tasso di infezione ancora più alto;

Il sistema sanitario è inondato di pazienti con Covid-19 / Covid-21;

* TERZO blocco con misure ancora più severe, come l'arresto completo di TUTTI i viaggi (secondo/terzo trimestre 2021);

* Implementare il reddito di base universale (per le decine di milioni di nuovi disoccupati che perderanno il loro lavoro in modo permanente a causa di questa politica. Questo UBI sarà completamente digitale, permettendo solo di rimanere in vita e guardare la TV);

Le linee di rifornimento crollano, grandi carenze (negozi, supermercati, online, ecc.), grande instabilità economica, seguita da caos, panico e dislocazione totale;

Schierare i militari e stabilire posti di blocco su tutte le strade principali. Viaggiare in modo permanente estremamente limitato (solo con pass / permesso). (Terzo / quarto trimestre 2021)".

A seconda della situazione geopolitica, la linea temporale potrebbe ancora cambiare (ad esempio, il 2021 potrebbe anche essere il 2022 o il 2023), ma "ci è stato detto che al fine di avviare questo effettivo collasso economico su scala internazionale, il governo federale sta per offrire ai canadesi una cancellazione totale del debito". Ma questo ha un prezzo molto alto: chiunque lo richieda rinuncia per sempre a tutti i diritti su ogni forma di proprietà, e si impegna a prendere tutte le vaccinazioni offerte.

I rifiutanti dovranno inizialmente vivere sotto rigidissime restrizioni di isolamento a tempo indeterminato, e quindi rimanere a casa

permanentemente. Ma questo durerà solo per un breve periodo, perché una volta che la maggioranza dei cittadini avrà fatto la "transizione" (alla schiavitù permanente sotto un sistema di controllo globale totalitario comunista e transumanista), "i rifiutanti saranno caratterizzati come una minaccia alla sicurezza pubblica, e spostati in strutture di isolamento.
O, in altre parole, nei campi di concentramento.

Lì sarà data loro un'ultima possibilità di "partecipare" ancora al programma e di farsi iniettare tutte le vaccinazioni. In caso contrario, rimarranno rinchiusi permanentemente e perderanno tutti i loro beni e diritti. Alla fine, il primo ministro ha lasciato intendere che tutto questo programma sarà portato avanti, indipendentemente dal fatto che siamo d'accordo o meno. E questo non sta accadendo solo in Canada. Tutti i paesi avranno simili tabelle di marcia e agende. Vogliono approfittare della situazione per fare cambiamenti su larga scala" (un reset finanziario con la moneta mondiale del FMI, il 'Grande Reset', 'Build Back Better', l'Agenda 2030 delle Nazioni Unite, il 'Green New Deal').

Dopo il crollo economico intenzionalmente avviato, molte delle decine di milioni di seguaci del sistema disoccupati saranno desiderosi di un lavoro in camicia marrone della BOA-Sturmabteilung nel governo, dopo di che imporranno lo scenario di cui sopra a dei concittadini riluttanti con spietata crudeltà. Amici, vicini, colleghi, familiari e parenti, studenti e scolari si tradiranno a vicenda "per il bene comune", e saranno felici che le "minacce alla loro salute" saranno eliminate per sempre. (Vedi anche: È così che il Reichsmarschall Göring fece dire al popolo: "Spaventateli e dite loro che i refrattari sono un pericolo") e la politica Corona fa a pezzi famiglie e amici, esattamente come si faceva nella DDR).

Proprio perché la maggior parte della gente si rifiuta ancora di credere che questo non può e non potrà mai più accadere, che siamo più civilizzati oggi e non commetteremo mai più simili atrocità, minaccia di accadere di nuovo. L'unica cosa che può fermare tutto questo processo, questo perfido piano preconcetto, è una massiccia presa di coscienza, seguita da un massiccio (ma ripetiamo: decisamente non violento!) NO.

Capitolo 8: Affamare i non vaccinati?

Perché i politici vogliono il 100% di vaccinazioni? Perché allora non c'è più nessun gruppo di controllo per dimostrare che l'ondata imminente di ADE, coaguli di sangue/malattie immunitarie, infertilità e morti è causata da queste iniezioni?

Perché i politici vogliono il 100% di vaccinazioni? Perché allora non c'è più nessun gruppo di controllo per dimostrare che l'ondata imminente di ADE, coaguli di sangue/malattie immunitarie, infertilità e morti è causata da queste iniezioni?

Il "non poter comprare o vendere" predetto nella Bibbia senza la puntura della "Bestia" è sempre più vicino, poiché i leader del canale di propaganda globalista CNN sostengono apertamente l'esclusione dei non vaccinati dall'intera società, e vogliono persino negare loro l'accesso ai supermercati. Nelle Filippine, il presidente Duterte ha ora deciso di fare questo. Il vaccino non è obbligatorio, ma se non lo prendi, puoi letteralmente appassire e morire di fame.

'Molte persone non saranno d'accordo con questo, ma senza vaccino, non puoi andare al supermercato', dice il famigerato titolo della CNN Don Lemon. 'Niente vaccino, non si va alla partita. Niente vaccino, non si va al lavoro. Niente vaccino, allora non puoi venire qui. Niente camicia, niente scarpe - niente servizio", riferendosi ai codici di abbigliamento esistenti in ristoranti, negozi e imprese.

Lemon pensa che "dovremmo già averlo", perché secondo lui è uno sforzo inutile convincere le persone critiche. Girano in tondo, continuano a dire che è la loro libertà, che è qualunque cosa, 'io sono libero'. Lemon poi usa lo stesso ragionamento fallace e pericolosamente deformato che non si è liberi di 'infettare' gli altri con una (presunta) malattia, e che la gente mette anche liquore e altre cose nel proprio corpo 'che sono molto peggio di un vaccino'.

Il corpo di un altro essere umano è SEMPRE inviolabile

Sì, Don, ma lo fanno volontariamente. Nessuno ti sta negando il diritto di farti iniettare questa terapia genica sperimentale nel tuo corpo, mettendo a rischio la tua salute e la tua vita. Allora perché vuoi negare ad altri il diritto di non partecipare? Solo perché pensi di essere "più sicuro", quando anche i dati ufficiali dimostrano che non fa alcuna differenza se hai fatto le iniezioni o no, e le autorità stanno facendo di tutto per nascondere il fatto che i vaxxers stanno diventando molto più deboli e vulnerabili come risultato?

Né Don Lemon né altri schiavi salariati dei media mainstream hanno alcun diritto di violare il corpo di altre persone sotto la minaccia di togliere loro l'accesso al cibo e al lavoro. Anche il suggerimento che il governo ha (o dovrebbe avere) questo diritto rende Lemon un fascista, un nemico interno, qualcuno che rappresenta una minaccia molto reale ai nostri diritti civili", commenta Mike 'Natural News' Adams. I medici fascisti si sentono autorizzati a mostrare i loro veri colori".

Pensate ancora che il tempo non tornerà mai e che addirittura peggiorerà molto, come scriviamo da anni? In Europa, abbiamo già visto passare sui social media dei post che sono ancora più fascisti dello stupro medico che sostiene Don Lemon. Per esempio, alcuni compatrioti sostengono letteralmente di mettere le persone non vaccinate contro il muro o di gasarle "come gli ebrei".

Crimini contro l'umanità

Legalmente, se qualcuno cerca di inserire un oggetto appuntito nel tuo corpo contro la tua volontà, c'è l'intenzione di causarti gravi danni fisici, e forse anche un tentato omicidio. Secondo il codice di Norimberga concordato dopo la seconda guerra mondiale, le persone non dovrebbero mai essere costrette a partecipare a esperimenti e trattamenti medici. Le "vaccinazioni" obbligatorie - in questo caso iniezioni sperimentali di manipolazione genetica confezionate come "vaccini" - equivalgono quindi direttamente a un grave crimine contro l'umanità, a un tentativo di omicidio di massa, a un genocidio.

Secondo la mia opinione personale, questo vale anche per le attuali iniezioni non obbligatorie, perché la gente viene convinta con l'inganno e con la disinformazione e le bugie a farsi fare queste iniezioni nelle braccia, e c'è un'enorme pressione da parte della politica, dei media e della società a partecipare.

Chiunque, per qualsiasi ragione virtuosa, umana o "scientifica", sia disposto a sacrificare anche una sola vita innocente, è in cuor suo un fascista egoista con zero rispetto per il valore delle altre vite umane. Dopo tutto, questo tipo di pensieri e atteggiamenti ha reso possibile anche l'Olocausto, perché se sei disposto a sacrificarne una per farti sentire "al sicuro", perché non 10, 1000, un milione, un miliardo?

'Questi vaccini non sono lì per la salute pubblica, ma per il controllo totale'

Il noto analista americano indipendente Brandon Smith è ormai convinto che l'unica ragione di questa massiccia campagna di vaccinazione è quella di ottenere il controllo totale su tutta l'umanità. Per metterlo in prospettiva profetica: introdurre il "segno della Bestia" predetto nella Bibbia, senza il quale nessuno potrà "comprare o vendere".

Perché vogliono il 100% di vaccinazioni? Perché vogliono necessariamente che ogni persona al mondo si faccia l'iniezione di mRNA?" scrive Smith. 'L'IFR medio di Covid è solo lo 0,26% (recentemente aggiustato dall'OMS allo 0,15% - X.), il che significa che il 99,7% della popolazione NON è a rischio, che sia vaccinata o meno... Quindi questi vaccini NON sono lì per la salute pubblica, né per salvare vite. Sono lì nella stragrande maggioranza dei casi per qualcos'altro".

I media mainstream e i globalisti sosterranno che non c'è "nessuna prova" che l'mRNA causi effetti collaterali letali o infertilità. A questo vorremmo rispondere che non c'è NESSUNA PROVA che siano sicuri. La maggior parte dei vaccini sono testati nel corso di 10-15 anni prima di essere utilizzati con il pubblico. I vaccini Covid sono stati introdotti in pochi mesi. Davvero, non abbiamo alcun desiderio di essere usati come cavia per un vaccino non testato".

'Le persone non vaccinate saranno la prova del loro crimine'

Ma cosa succede se l'élite sa esattamente quali saranno questi effetti collaterali? E se questi vaccini fossero una parte fondamentale del loro 'Grande Reset'? Nella mia mente, l'infertilità di massa viene ora messa in scena, per la quale il Covid (o qualche variante) sarà incolpato, piuttosto che i vaccini sperimentali. Ecco perché l'establishment vuole un tasso di vaccinazione del 100%; dopo tutto, le persone non vaccinate sarebbero la prova del loro crimine". (Vedi anche il nostro articolo dell'11 gennaio: vaccini mRNA: l'ingegneria genetica è pericolosa perché può causare infertilità).

Se milioni di persone rimangono non vaccinate nei prossimi anni, allora queste formeranno un gruppo di controllo sostanziale e indiscutibile... Se i vaccinati poi si ammalano o muoiono di malattie specifiche, e il gruppo di controllo non ne soffre, allora questo è un segnale piuttosto forte che il tuo vaccino o farmaco è veleno... Se qualcosa va storto con i vaccini, allora noi saremo la prova. sospettiamo che questo sia ciò di cui l'élite ha veramente paura".

Hanno bisogno di costringerci a farci vaccinare anche noi - TUTTI, in modo che non ci sia un gruppo di controllo e nessuna prova di ciò che hanno fatto. Possono poi semplicemente incolpare Covid per i massicci problemi di salute, o qualche altro colpevole fasullo" (vedi anche il nostro articolo del 21 giugno: Utopia: 2019 film predetto pandemia e vaccini che sterilizzano segretamente la popolazione mondiale (/ Risultati scioccanti dello studio scientifico di centinaia di donne incinte: Dopo la vaccinazione Covid 82% di aborti spontanei nelle prime 20 settimane di gravidanza).

Se i vaccini sono un cavallo di Troia che causa malattie diffuse o infertilità, e i globalisti vengono scoperti perché c'è un gruppo di controllo, ciò significherà una vera e propria rivolta contro di loro, completa di corde e paletti. Il loro 'Grande Reset' crollerà. Il che, tra l'altro, viste le numerose manifestazioni e l'enorme contraccolpo contro i passaporti vaccinali, sembra che accadrà comunque.

Chi vincerà questa partita finale? I globalisti o l'umanità?

I globalisti hanno messo in moto un gioco finale. Questo potrebbe significare la fine del gioco per noi, ma anche per loro. Hanno una tabella di marcia precisa. Hanno bisogno di arrivare al 100% di copertura vaccinale nei prossimi anni o prima, implementare i loro passaporti per i vaccini, e imporre chiusure permanenti per sedare il crescente malcontento".

Siamo impegnati in una corsa (contro il tempo) in cui i globalisti devono far passare la loro agenda il più velocemente possibile, e noi dobbiamo resistere e trattenerli il più a lungo possibile, fino a quando le masse iniziano a vedere la verità, che è che le chiusure, gli obblighi e i vaccini non sono mai stati sulla sicurezza, ma sempre sul controllo - dal controllo sociale al controllo della popolazione".

E se queste iniezioni stanno davvero facendo ciò che molti scienziati ed esperti indipendenti stanno avvertendo dall'anno scorso, allora il controllo della popolazione è solo il mezzo per il grande fine desiderato di questo culto globale comunista del clima-vaccino, al quale quasi tutta la politica olandese sembra aver piegato le ginocchia: lo sterminio della popolazione, e su una scala che farà scomparire completamente i 100 - 150 milioni di vittime di Hitler, Stalin e Mao sommati insieme.

Capitolo 9: Notizie dal 2009?

Questo è un flashback di un articolo del 2009 che discute la possibilità che il "Segno della Bestia" predetto nella Bibbia possa consistere in una serie di vaccinazioni obbligatorie con ingredienti il cui vero effetto e scopo non sarà rivelato finché non sarà troppo tardi per tutti. Nel corso degli anni abbiamo scritto centinaia di articoli su questi argomenti, uno dei quali è di nuovo in evidenza.

Anche questo articolo è del 2009 (19 ottobre), ed era intitolato "BEAST computer a Bruxelles pronto per essere attivato".

Iniezione con nanochip prevista 12 anni fa?

19 ottobre 2009: Uno dei più noti whistleblower americani, Steve Quayle (diciamo la 'versione cristiana' di Alex Jones), si rivolge ai suoi lettori questa settimana in un avvertimento personale piuttosto raro. 'Nelle ultime 24 ore - sto scrivendo questo il 15 ottobre - abbiamo ricevuto conferma da una fonte asiatica che l'arma biologica contenente il nanochip situato nella punta dell'ago ipodermico è pronta, e parte del sistema di supercomputer in Europa centrale'.

Anche se questo sembra un film di fantascienza, purtroppo è la realtà. In Belgio (Bruxelles) c'è il BEAST (Beast) - Biometric Encryption And Satellite Tracking-, che è perfettamente pronto per essere attivato il giorno in cui ogni essere umano vivente sarà costretto ad accettare il 'Segno della Bestia', per essere ammesso al Nuovo Ordine Mondiale.

Io chiamo i vaccini antinfluenzali geneticamente modificati, che vengono ora imposti al pubblico attraverso un'operazione psicologica che farebbe invidia ai più grandi tiranni mai esistiti, 'Il virus Lucifero' (lett. ceppo = stirpe, natura, variante), perché questi vaccini hanno un lato molto più malvagio di quanto la maggior parte della gente possa comprendere".

Dieci anni fa ho scritto che la macchina di morte ideale sarebbe stata un vaccino geneticamente modificato e alterato, somministrato con la forza alla popolazione mondiale con il pretesto di "aiutarla". Ho anche sostenuto che l'esercito degli Stati Uniti sarebbe stato deliberatamente distrutto, non solo dai nostri nemici, ma anche dai traditori del nostro stesso governo, attraverso l'iniezione di un'arma biologica in due parti nei nostri soldati, con la seconda iniezione che si sarebbe rivelata il colpo di grazia".

Attraverso i mass media abbiamo sentito la notizia che all'esercito tedesco viene somministrato un vaccino diverso da quello della normale popolazione civile (un vaccino senza gli adiuvanti estremamente dannosi). Abbiamo anche ricevuto ulteriori informazioni che negli Stati Uniti, alle unità militari private - i mercenari - verrà somministrato un 'vaccino sicuro', diverso da quello che verrà dato alla gente comune e ai soldati dell'esercito.

Tuttavia, è contro la Convenzione di Ginevra usare le persone come cavie. Per questo motivo, molti medici nazisti furono condannati a morte".

È arrivato il periodo più pericoloso di sempre

Il periodo più pericoloso di tutta la storia è arrivato. Non lasciate che questi mostri distruggano voi, i vostri figli, il vostro futuro e le vostre vite. Fate i vostri compiti. Leggete tutto quello che potete trovare sui vaccini, indignatevi, fate le domande giuste a tutte le autorità. Sporgete denuncia, scrivete lettere, partecipate a programmi radiofonici e televisivi. Fate qualcosa! Fate tutto quello che potete fare legalmente e moralmente, perché altrimenti potreste finire permanentemente in una posizione orizzontale".

Quayle ha preparato i lettori del suo sito web (oltre 90 milioni di visite all'anno) per uno "schermo rosso" la scorsa settimana, poiché si aspetta che il governo degli Stati Uniti tolga tutti i siti di notizie alternative dall'aria al "momento giusto".

Secondo Quayle, questo "momento giusto" potrebbe essere inaugurato, per esempio, da un crollo finanziario totale, un "attacco" nucleare, un attacco EMP che metterà definitivamente fuori uso tutta l'elettricità, una guerra in Medio Oriente, o un massiccio disastro naturale come un terremoto molto grande nel Midwest o un mega-tsunami su una delle coste dell'America.

A nostro parere, questo avvertimento dovrebbe essere considerato sia seriamente che sobriamente. È chiaro che "qualcosa" sta per accadere, ma come, dove e quando, questo può essere solo speculato in questo momento sulla base di indizi e sviluppi.

Il virus Lucifero

31 luglio 2021: L'ipnotizzata "pandemia" di influenza suina del 2009 si è rivelata, a posteriori, più debole di una normale influenza stagionale, ed è stata una sorta di prova generale per quello che sta succedendo in tutto il mondo dal 2020, sempre sotto la maschera di un (presunto) virus respiratorio con un IFR di solo 0,15%, e 0,05% (= metà di una tipica influenza stagionale) se si ha meno di 70 anni.

Quayle ha chiamato un vaccino geneticamente modificato il "Lucifer Virus" perché "questi vaccini hanno un lato molto più maligno di quello che la maggior parte della gente può contenere. Come è noto, le vaccinazioni Covid-19 non sono in realtà "vaccini" ma iniezioni di manipolazione genetica mRNA, un fatto che è stato apertamente annunciato nella Gazzetta del Governo l'anno scorso.

Recentemente, scienziati universitari in Spagna hanno scoperto l'ossido di grafene nei vaccini Pfizer, che non è menzionato né sul foglietto illustrativo né nei documenti ufficiali dell'EMA. Le iniezioni di Covid contengono forse ingredienti "maligni" ancora più nascosti, come RNA/DNA estraneo (manipolato)? Dal 2009 abbiamo dedicato intere serie di articoli a questa possibilità. Nel prossimo futuro potremmo portarli di nuovo alla vostra attenzione con una serie di flashback riassuntivi.

Dal momento che il governo ha anche dato il permesso ufficiale a te e ai tuoi (nipoti) di essere manipolati geneticamente con iniezioni sperimentali, sembra che non si possa escludere che anche queste contengano sostanze e/o istruzioni di mRNA che codificano il tuo corpo per qualcosa di diverso dal solo motivo ufficialmente dichiarato, cioè creare la proteina spike del cosiddetto "nuovo" coronavirus.

Considerando l'enorme numero di morti e malattie che le iniezioni di Covid hanno già ufficialmente causato - la punta dell'iceberg, perché la maggior parte dei casi non vengono deliberatamente registrati - il termine 'Lucifer Virus', 'Lucifer Vaccine' o 'Lucifer Injection' potrebbe rivelarsi abbastanza appropriato, soprattutto se nei prossimi mesi e anni milioni di persone saranno colpite da coaguli di sangue, ADE e ogni tipo di malattie gravi.

Comportamento confuso delle persone vaccinate?

Negli ultimi mesi ci è stato detto da diversi contatti non vaccinati che alcune persone vaccinate nel loro ambiente stanno esibendo "strani comportamenti", in particolare una forma di assenza e letargia, e non riescono quasi più a seguire o capire semplici fatti e argomenti logici.

È solo una coincidenza, una percezione, o forse il risultato del danno ai globuli rossi dimostrato dalle iniezioni di Covid, che riduce la quantità di ossigeno trasportato attraverso il corpo? O forse c'è dell'altro, qualcosa attribuibile a qualche ingrediente segreto?

Biosensore nanotecnologico nei vaccini Covid?

Che a Bruxelles sia stato costruito o meno un supercomputer letteralmente 'BEAST' è davvero irrilevante. Qualche anno fa, nello stato americano dello Utah, è stato costruito un mostruoso centro dati (UDC) che funziona esattamente come un BEAST, e controlla una 'Global Information Grid' in cui sono immagazzinate veramente TUTTE le informazioni digitali pubbliche e personali di ogni cittadino del mondo, conversazioni, e-mail, transazioni, pagamenti - fino ai biglietti del parcheggio. Per rendere questo possibile, i computer dell'UDC raggiungono una velocità di 1 petaflop (10 alla 15a potenza) di calcoli al secondo. (È probabile che questa velocità sia ormai molto più alta).

Il 23 gennaio 2013 un articolo intitolato: "L'UE vuole introdurre un sistema di sorveglianza totale per i cittadini, proprio come gli Stati Uniti" con un riferimento a questo supercomputer (ufficialmente mai riconosciuto) BEAST a Bruxelles: "I cittadini dell'UE potrebbero in un prossimo futuro essere segretamente dotati di un nanochip con la scusa di vaccinazioni contro, ad esempio, un'epidemia di influenza, che permetterebbe loro di essere seguiti e monitorati 24/7/365 dal sistema BEAST.

Poteva diventare una realtà circa 8 anni dopo? A questo proposito, leggete il nostro articolo del 3 settembre 2020: 'Biosensore nanotecnologico impiantabile 5G già nel 2021 nei vaccini Covid-19' e considerate che l'uomo di punta del WEF Klaus Schwab nel suo libro 'The Great Reset' ha annunciato un 'Internet dei corpi', e come possibile precursore già nei prossimi anni vuole introdurre un braccialetto elettronico obbligatorio, che è a contatto diretto con il vostro corpo e che oltre alla vostra posizione e attività registra anche la vostra salute, compreso se avete ricevuto o meno 'vaccinazioni'.

Senza 'chip' / vaccinazione, presto non vi sarà permesso di fare proprio nulla

L'articolo sul 'GPS negli smartphone precursore del chip impiantato' (23 ottobre 2013) lo spiega come segue: Quando si considera che in futuro, senza un microchip, potremmo non essere in grado di fare nulla -non essere in grado di comprare, vendere, vivere, ricevere stipendi/benefici, essere negato l'accesso ovunque- allora rifiutare un tale chip sembra diventare un compito impossibile per la maggior parte delle persone.

Sostituite "microchip" con la vaccinazione (passaporto), e avrete esattamente quello che sempre più politici in tutto il mondo stanno ora apertamente annunciando e addirittura già decidendo, come il presidente filippino Duterte, che ha detto che userà la polizia per tenere le persone non vaccinate permanentemente chiuse in casa.

Bizzarramente, molti sono ancora in profonda negazione su questo. Quante altre prove ci vogliono per far capire alla gente che il temuto futuro totalitario di cui abbiamo avvertito dal 2008 sta purtroppo diventando una realtà?

Capitolo 10: tirannia fascista di Covid

La Francia e altri paesi occidentali sull'orlo delle rivoluzioni? - I neonati britannici sottoposti al test PCR obbligatorio - L'Australia schiera l'esercito; "Sydney trasformata in un campo di concentramento" - Ora sei anche tu "compromesso irreparabilmente"?

Abbiamo avvertito per molti anni che gli anni '30 e '40 si stanno ripetendo e rischiano addirittura di essere superati in orrore e disumanità. Questo era qualcosa che la maggior parte delle persone non poteva ancora immaginare. Sicuramente entro la metà del 2021 questo dovrebbe essere cambiato, mentre i governi di tutto il mondo impongono rapidamente la tirannia fascista di Covid alle loro popolazioni. Tuttavia, possono farlo solo perché la maggioranza della gente - nonostante l'enorme carico di prove delle continue bugie e inganni - sta ancora seguendo ciecamente la propaganda della pandemia di Covid.

Italia: Protesta anti-Green Pass in parlamento

In Italia, alcuni membri dell'opposizione hanno protestato in parlamento con cartelli che recitavano "Say NO to Green Pass". Per un momento è sembrato esserci caos e panico. Nel paese dell'Europa meridionale, le grandi manifestazioni per la libertà contro le politiche di Covid hanno luogo con regolarità, come a Milano.

Ci saranno ancora nuove elezioni?

Nuove elezioni avranno luogo in Germania il 26 settembre e in Francia nel giugno 2022. Avranno ancora luogo? 'Ci sono voci che vari capi di governo si rendono conto di essere votati, e stanno parlando seriamente di "sospendere" tutte le elezioni finché esiste questa "pandemia"', scrive l'economista americano Martin Armstrong. In Canada, un disegno di legge è già stato introdotto in giugno per fare esattamente questo e quindi porre fine alla democrazia. È anche possibile che i risultati delle elezioni vengano semplicemente falsificati, come è successo negli Stati Uniti alla fine dell'anno scorso.

(Nei Paesi Bassi, la democrazia è finita da tempo, e al potere c'è un regime totalitario che, nonostante il suo status di custode, continua a prendere decisioni di vasta portata, ed è a malapena contestato nel processo. (Mentre questioni semplici come migliorare un incrocio stradale sono dichiarate "controverse"! Parliamo del mondo alla rovescia).

I francesi hanno palesemente perso ogni fiducia nella politica. Nelle elezioni di giugno, il partito di sinistra-liberale del presidente Macron ha ricevuto solo il 10,9% dei voti. Il RN di Marine Le Pen ha ottenuto il 19,1% e i repubblicani il 29,3%. Un enorme 68% non si è preoccupato di votare. Il popolo non viene mai ascoltato comunque, e le vere decisioni vengono prese a Bruxelles (UE) e Davos (Forum economico mondiale).

Anche Luigi XVI, che fu decapitato, aveva il sostegno di più persone di Macron. Dati i cicli di panico che appaiono nei nostri modelli elettorali nel 2022, questo non è chiaramente un problema interno. L'ultima volta che è successo è stato quando sono stati eletti Roosevelt e Hitler". 'I nostri modelli per la Francia saggiano il 23/24 settembre'.

Città filippina: i non vaccinati dovrebbero morire di fame

Macron ha recentemente annunciato che alle persone non vaccinate sarà presto negato l'accesso ai trasporti pubblici e ai centri commerciali, e agli operatori sanitari sarà richiesto di essere vaccinati. Questo ha causato proteste di massa in decine di città. Centinaia di migliaia di persone sono scese in strada, ma naturalmente i media olandesi hanno taciuto su questo. (Escono con tutte le telecamere e i giornalisti che possono avere solo se una manciata di estremisti del clima o di attivisti di Black Lives Matter stanno manifestando da qualche parte).

Il sindaco della città filippina Lapu-Lapu ha fatto un passo avanti rispetto al presidente francese e ha vietato alle persone non vaccinate di entrare in tutti i supermercati, drogherie e altri negozi di alimentari. In altre parole: niente iniezione? Allora morite di fame.

Ospedale britannico minaccia i genitori che rifiutano di sottoporre il bambino in attesa al test PCR

Anche la Gran Bretagna sta sprofondando a rotta di collo nella follia e nella pazzia paradisiaca di Covid. Un ospedale sta minacciando di prendere misure contro i futuri genitori perché si rifiutano di sottoporre i loro bambini a un test PCR dopo la nascita. Già: anche i neonati devono essere sottoposti al test PCR assolutamente inutile e potenzialmente dannoso.

Il deputato conservatore Graham Brady, presidente del comitato Tory 1922, ha scritto in un op-ed nel Daily Mail che c'è solo una vera ragione per le chiusure: il controllo sociale, e non il contrasto al Covid. Ha persino paragonato la società di oggi alla sindrome di Stoccolma: maggiore è il controllo a cui le persone sono sottoposte, più diventano dipendenti.

Sydney trasformata in un campo di concentramento

In Australia - dove ci sono anche nuove elezioni nel 2022 - la polizia ha ora piena libertà di applicare il quinto blocco strangolatore, per cui si finisce in prigione se si va oltre i 5 km. da casa propria. Alcune migliaia di persone si sono avventurate per protestare (cosa che è severamente vietata e ti fa arrestare nel New South Wales), ma sono state subito trattate duramente.

Il governo ha persino annunciato che avrebbe usato l'esercito. E perché? A causa di ben DUE nuovi decessi di

Covid a Sydney, uno di 90 anni e uno di 80. Un quarto degli over 70 non sono ancora "vaccinati", e questo viene definito "inaccettabile".

Senza paradenti - 500 dollari di multa, anche per i vaccinati. La polizia può chiudere qualsiasi negozio se si pensa che le regole non vengano rispettate. Hanno trasformato Sydney in un campo di concentramento", commenta Armstrong. Dicono alla gente che prima si vaccinano, prima sarà ripristinata la loro libertà. Dicono alla gente di fare la spia sui loro vicini, che era esattamente la stessa tattica della Stasi nella Germania dell'Est".

"La civiltà non può essere riparata".

Le conseguenze a lungo termine di queste misure romperanno completamente la società, perché una volta che si mettono i vicini uno contro l'altro, non si può ripristinare la civiltà. Si stanno dando ordini in tutto il mondo per mettere a soqquadro la società e far sì che le persone si scannino a vicenda".

Come sarà presto il caso negli Stati Uniti? Lì il CDC ha ora dichiarato apertamente che sono soprattutto i completamente vaccinati a diffondere le (presunte) varianti Delta e Lambda. Nel frattempo, i media stanno falsamente incolpando solo i non vaccinati, il che significa che l'odio deliberatamente fomentato tra questi gruppi potrebbe a un certo punto degenerare in forza bruta.

Armstrong: "E c'è il rischio che avremo una vera versione di Hunger Games, ora che Biden sta pagando gli agricoltori per NON coltivare. È per questo che (Bill) Gates è diventato il più grande proprietario terriero degli Stati Uniti - per fermare la produzione di cibo?

I governi e i parlamenti occidentali "non rappresentano più il popolo

Con i diritti umani calpestati anche nei paesi occidentali, "ci saranno rivoluzioni", avverte Armstrong. Il nostro computer è molto chiaro su questo. La nostra attuale forma di governi e parlamenti crollerà, perché non rappresentano più il popolo". I poliziotti che collaborano a sopprimere i propri cittadini "saranno per sempre visti dalla storia come tiranni malvagi. Solo perché un politico comanda qualcosa NON lo rende legale, etico o moralmente giusto".

Dobbiamo chiederci perché la polizia usa la stessa scusa dei nazisti nella seconda guerra mondiale: 'Befehl is Befehl'. Questo significa che sono incapaci di pensare liberamente.

Il computer (l'A.I. 'Socrates') ha designato agosto a ottobre come un periodo buio in cui ci sarà un attacco a tutto campo contro i non vaccinati. Una civiltà nasce quando è a vantaggio di tutti lavorare insieme. Le civiltà crollano quando emergono le divisioni, e questo è esattamente ciò che i governi di tutto il mondo stanno facendo ora per rimanere al potere. La storia avverte che falliranno in questo processo. Forse ora capirete come Socrate ha anche predetto che le nazioni si divideranno lungo le stesse linee come hanno fatto durante i conflitti precedenti".

Sta arrivando l'attacco informatico di Klaus Schwab?

'(Klaus) Schwab sta forse distorcendo i disordini sociali sostenendo che la gente vuole la sua soluzione comunista e "l'uguaglianza", ma sta deliberatamente portando avanti questo inganno per sottomettere il mondo intero alla sua visione economica. Prima o poi, il popolo prenderà d'assalto anche il Forum economico mondiale. A settembre, gli animi si scalderanno ancora di più", pensa Armstrong.

Sarà quello il momento in cui Klaus Schwabs ordinerà il suo annunciato e recentemente provato (false flag) attacco informatico, progettato per dare finalmente il colpo finale al popolo occidentale, all'economia e alla civiltà, e sottometterli alla più dura dittatura comunista di sempre? Armstrong ha recentemente chiamato Schwab e Gates, che sembrano vedersi come una sorta di semidei intoccabili, letteralmente i nuovi Hitler. personalmente pensiamo che la miseria che entrambi i signori stanno creando - con il pieno accordo e/o cooperazione di quasi tutti i 'nostri' politici e membri del parlamento - farà di Hitler un chierichetto.

Capitolo 11: Passaporti e chip

Un'intervista del 2016 con l'alto dirigente del WEF Klaus Schwab, in cui prevede che "entro 10 anni" sarà adottata una tessera sanitaria globale obbligatoria, e tutti avranno microchip impiantati, si aggiunge alla prova che il numero Covid-19 è stato preparato con cura.

Si dice che Schwab stesse lavorando ad un piano almeno cinque anni fa per creare un'enorme epidemia di virus e sfruttarla per stabilire passaporti sanitari e collegarli a test e vaccinazioni obbligatorie, tutto secondo l'approccio problema-reazione-soluzione. L'obiettivo è quello di avere il controllo completo su tutta la popolazione umana del pianeta.

Entro 10 anni, avremo microchip impiantati", ha detto Schwab cinque anni fa.

Nel 2016, un intervistatore francofono gli ha chiesto: "Stiamo parlando di chip impiantabili?" "Quando succederà?

Assolutamente nei prossimi dieci anni", ha detto Schwab. Cominceremo mettendoli nei nostri vestiti". Possiamo poi immaginare di impiantarli nel nostro cervello o nella nostra pelle". Il caposquadra del WEF ha poi commentato la sua visione dell'uomo e della macchina che si "fondono".

In futuro, potremmo essere in grado di comunicare direttamente tra il nostro cervello e il mondo digitale. Osserviamo una fusione del mondo fisico, digitale e biologico". Le persone dovranno semplicemente pensare a qualcuno in futuro per essere in grado di raggiungerlo direttamente attraverso la 'nuvola'.

Non ci saranno più persone biologiche con DNA naturale nel mondo transumanista, che finalmente diventerà completamente "digitale". La "nuvola" sarà utilizzata per memorizzare i dati di tutti.

L'umanità ha cominciato ad essere riprogrammata geneticamente.

L'attuale ordine economico sarà distrutto dal 'Grande Reset' ('Build Back Better') di Schwab. Il crollo finanziario incombente sarà sfruttato per lanciare un nuovo sistema globale basato solo su denaro e transazioni digitali. Questo nuovo sistema sarà collegato al mondo intero grazie alla tecnologia 5G. I rifiutanti saranno esclusi dalla "compravendita", in altre parole dalla vita sociale.

Alla fine del 2020, i "vaccini" di mRNA Covid-19 hanno iniziato a programmare e manipolare geneticamente l'umanità per renderla "adatta" ad essere prima collegata, poi integrata, con questo sistema digitale globale, che, come sapete, crediamo sia il regno biblico della "Bestia".

Questi vaccini che alterano i geni hanno il potenziale di eliminare il vostro libero arbitrio e la capacità di pensare da soli, così come il vostro desiderio e la capacità di connettervi con il regno spirituale.

Prospettiva cristiana: l'umanità è tagliata fuori da Dio

Da una prospettiva cristiana, la riprogrammazione del DNA umano attraverso questi vaccini può essere vista come il tentativo finale di Satana di separare permanentemente l'umanità da Dio. Questa sembra essere la vera spiegazione dell'avvertimento del libro profetico dell'Apocalisse che gli individui che portano questo "marchio" periranno.

Questo non è semplicemente a causa di un chip e di una successione di pungiglioni; è a causa di ciò che quei pungiglioni faranno a e in voi. Di conseguenza, Dio non sarà in grado di salvare coloro le cui menti (libero arbitrio) sono state riprogrammate all'obbedienza totale ("adorazione"). Questo richiederà il Suo intervento, perché altrimenti l'umanità intera sarà persa per sempre.

I falsi insegnamenti hanno accecato una gran parte del cristianesimo.

L'aspetto essenziale di questo subdolo complotto, che è stato in lavorazione per molto tempo, era l'infiltrazione del cristianesimo con una serie di falsi insegnamenti, con l'obiettivo di mantenere i credenti ciechi fino alla fine dei tempi in preparazione dell'avvento e dell'instaurazione del dominio della Bestia.

Infatti, da decine a centinaia di milioni di cristiani, soprattutto in Occidente, credono che non dovranno mai vivere questo periodo. Anche ora, quando l'attuazione di questo sistema è iniziata, la maggioranza delle persone si rifiuta di accettarlo. Con le loro opinioni pro-vaccinazione, la maggior parte dei partiti e delle chiese cristiane stanno apertamente cooperando in questo "Grande Reset" verso il dominio della "Bestia". In termini teologici, il Vaticano è il motore più potente e convinto di questo.

"Ma siamo stati ingannati!" non è una scusa.

Forse un parallelo biblico può aiutare alcune persone a capire? Genesi 3, il racconto della creazione e della 'caduta', come ci viene raccontato oggi: Il serpente persuase Adamo ed Eva che non era permesso loro di 'mangiare' la 'mela', in questo caso il segno, cioè di non farsi pungere (test di radice di 'segno': charagma = graffiare/qualcosa con un ago = pungere), ma il serpente li convinse che questo segno non li avrebbe dannati, ma piuttosto li avrebbe fatti diventare 'dei'. Dopo essere stati persuasi da questa falsità, le loro lamentele contro Dio ('ma ci hanno mentito!') furono inutili, e morirono lentamente e dolorosamente. Potevano e dovevano sapere, quindi non avevano alcuna giustificazione.

Accettare "il segno", secondo la Bibbia, comporta una conseguenza ancora peggiore: la morte eterna. Permettersi di essere modificati geneticamente con vaccinazioni mRNA e poi integrati in una rete digitale globale, rinunciando così ad ogni controllo sul proprio corpo e sul libero arbitrio, starà ad ogni individuo decidere se il pericolo vale la pena.

Capitolo 12: Nessuna assistenza sanitaria

Alcuni medici sono così indottrinati e terrorizzati che danno la colpa ai malati stessi: "Il mio datore di lavoro mi ha fatto molta pressione perché fossi vaccinato".

The Highwire, il programma americano di salute su Internet in più rapida crescita che ha già più di 75 milioni di spettatori, ha recentemente focalizzato l'attenzione su una tendenza preoccupante negli Stati Uniti che potrebbe verificarsi anche in altri paesi occidentali. Infatti, sempre più medici si rifiutano di curare le persone che soffrono di gravi effetti collaterali e reazioni avverse dopo la vaccinazione con un vaccino Covid-19. La ragione è ovvia: l'establishment politico e farmaceutico ha effettivamente canonizzato questi vaccini geneticamente manipolati. Se la gente si ammala molto o addirittura muore a causa di essi - negli Stati Uniti nel 2021 ci saranno già il 4000% in più di vittime dei vaccini che in tutto il 2020 per tutte le altre vaccinazioni messe insieme - allora le istruzioni sono che non può e non deve essere colpa del vaccino. I medici che tuttavia osservano questo devono temere per il loro lavoro e la loro carriera.

Alcuni medici sono così indottrinati che danno la colpa ai malati stessi. Chiamano le persone che soffrono di gravi effetti collaterali dopo la vaccinazione pazienti con un 'disturbo di conversione', temendo di mettere nella loro cartella che il vaccino è la probabile causa. (O, in altre parole, 'torna a casa, signorina, perché è tra le tue orecchie').

Il 4 gennaio, sono stata messa sotto pressione dal mio datore di lavoro per farmi vaccinare", ha raccontato Shawn Skelton. Dopo aver ottemperato, ha subito sperimentato effetti collaterali come lievi sintomi simili all'influenza. 'Ma alla fine della giornata, le gambe mi facevano così male che non ce la facevo più. Quando mi sono svegliata il giorno dopo, la mia lingua aveva delle contrazioni, e poi è andata sempre peggio. Il giorno dopo ho avuto convulsioni in tutto il corpo. Questo è durato 13 giorni".

'Troppa paura di curarci', dicono.

Un medico mi ha detto che la diagnosi era: 'Non so cosa c'è di sbagliato in te, quindi ti incolpiamo'", ha detto un altro. Skelton ha elaborato. I medici semplicemente non sanno come affrontare gli effetti negativi del vaccino mRNA. Credo anche che ne siano terrorizzati. Sono senza parole sul perché nessun medico vuole aiutarci".

Altri due operatori sanitari, Angelia Desselle e Kristi Simmonds hanno avuto esperienze simili. Anche loro hanno sofferto di convulsioni, e anche i loro medici si sono rifiutati di curarle. Un neurologo ha rifiutato il rinvio via e-mail di Desselle. Era uno specialista in disturbi del movimento, cosa di cui pensavo di aver bisogno. Il mio medico di base ha detto che sembrava che avessi un Parkinson avanzato. Ma mi ha risposto via e-mail che aveva compiti molto complessi e non poteva vedermi in quel momento".

Poiché anche altri medici le hanno tenuto la porta chiusa, è andata da un neurologo senza dire che era stata vaccinata contro il Covid-19. Non volevo essere mandata via di nuovo. Ma è nella mia cartella clinica, così quando l'ha guardata ha detto 'così hai preso il vaccino? E io ho detto 'sì, ma non volevo darle questa informazione perché ho bisogno di aiuto'. Ora sta finalmente ricevendo un trattamento per i suoi attacchi di emicrania.
In Europa, i medici generici e gli specialisti sono soggetti a regolamenti rigorosi.

Non sappiamo se anche i medici generici in Europa si rifiutano di curare i pazienti vaccinati che si ammalano. Tuttavia, è loro vietato prescrivere farmaci di provata efficacia e sicurezza a pazienti (sospetti) affetti da corona, come l'idrossiclorochina e l'Ivermectina. Niente dovrebbe minacciare il "santo" programma di vaccinazione di massa - recupero: programma di ingegneria genetica, dopo tutto.

In Europa, i medici generici e gli specialisti sono soggetti a regolamenti rigorosi.

Non sappiamo se anche i medici generici in Europa si rifiutano di curare i pazienti vaccinati che si ammalano. Tuttavia, è loro vietato prescrivere farmaci di provata efficacia e sicurezza a pazienti (sospetti) affetti da corona, come l'idrossiclorochina e l'Ivermectina. Niente dovrebbe minacciare il "santo" programma di vaccinazione di massa - recupero: programma di ingegneria genetica, dopo tutto.

All'inizio di quest'anno, il governo ha messo ogni responsabilità per le conseguenze delle vaccinazioni Covid sulle spalle degli operatori sanitari e delle persone che sono vaccinate con esse. Non è quindi inconcepibile che gli operatori sanitari e gli specialisti in Europa siano riluttanti a riconoscere, e tanto meno a trattare, le vittime delle vaccinazioni come tali.

Capitolo 13: Super varianti

I cosiddetti esperti che sostengono che le varianti sono causate da persone non vaccinate non hanno alcuna comprensione scientifica. L'unica vera causa è la vaccinazione di massa. Questi vaccini sopprimono l'immunità naturale delle persone vaccinate".

L'eminente esperto di vaccini Dr. Geert Vanden Bossche, che in precedenza ha lavorato con l'alleanza GAVI e la Fondazione Bill & Melinda Gates, ha pubblicato un articolo dal titolo eloquente "Ultimo avvertimento". Se il mondo non ferma immediatamente le vaccinazioni Covid ora, è convinto che un'ondata inarrestabile di malattie gravi, incurabili e mortali sarà su di noi.

Vanden Bossche è uno scienziato dei sistemi che normalmente è molto pro-vaccinazione, e quindi presume ancora l'esistenza del 'nuovo' virus corona / SARS-CoV-2 e le 'infezioni' provate. Lasceremo questa posizione discutibile per ora, perché in questo momento la cosa più importante è che i politici smettano di ignorare la crescente opposizione di scienziati affermati come lui.

All'inizio di quest'anno, Vanden Bossche ha avvertito che fornire miliardi di persone con nuovi vaccini durante una pandemia - un no go assoluto in immunologia fino al 2020 - potrebbe avere conseguenze disastrose perché potrebbe rendere le mutazioni che normalmente si verificano sempre, soprattutto di virus respiratori come corona, molto più pericoloso.

Queste vaccinazioni hanno l'effetto opposto".

Nel suo articolo 'Final Warning', egli espone con ampie argomentazioni scientificamente fondate che esattamente ciò che lui temeva tanto sta accadendo ora. I media mainstream stanno falsamente cercando di incolpare i non vaccinati per le nuove varianti e le relative misure. Questo è qualcosa a cui l'esperto di vaccini si oppone con veemenza.

La sua lunga storia tecnica si riduce al fatto che sono proprio le vaccinazioni Covid-19 che fanno sì che alcune mutazioni diventino resistenti all'immunità. Le campagne di vaccinazione di massa durante una pandemia, specialmente durante una pandemia con varianti più infettive, non raggiungeranno l'immunità di gruppo né conterranno le future ondate di malattia... In effetti, hanno l'effetto esattamente opposto, promuovendo la diffusione di varianti di fuga VI più forti, e sopprimendo l'immunità naturale nelle persone vaccinate". (enfasi aggiunta)

Questo porterà solo ad un aumento della morbilità e della mortalità in quella parte della popolazione che normalmente ha una protezione naturale contro il Covid-19 (ovvero la grande maggioranza della popolazione). Una diminuzione della morbilità e della mortalità gravi si vede solo negli anziani e in quelli con alcune malattie di base. Pertanto, il risultato delle campagne di vaccinazione di massa è totalmente diverso dall'obiettivo originale, che era quello di proteggere la stragrande maggioranza delle persone".

'Gravi conseguenze dovute alle super varianti se continuiamo a vaccinare'

Scientificamente, dice, è difficilmente concepibile che le varianti più contagiose della SARS-CoV-2 non sfuggano rapidamente all'immunità che ampie porzioni dell'umanità hanno già sviluppato, "e passino a una supervariante che elude la risposta immunitaria di tutti i vaccini Covid-19 basati sulla S (spike)". È semplicemente inconcepibile che le campagne di vaccinazione di massa in corso possano contenere, per non parlare della fine, queste varianti pandemiche o più contagiose di SARS-CoV-2, e costringere questo virus ad acquisire caratteristiche più lievi, piuttosto che più problematiche".

Queste nuove varianti "rappresentano una minaccia enorme e immediata per la popolazione umana, e avranno conseguenze disastrose se continuiamo la vaccinazione di massa durante questi alti tassi di infezione, mentre le misure di prevenzione sono in gran parte rilassate".

La vaccinazione di massa è l'unico vero colpevole

Infine, ma non meno importante, bisogna sottolineare che coloro che si definiscono "esperti" e pretendono che questa pandemia sia una "pandemia dei non vaccinati" non hanno alcuna comprensione scientifica delle dinamiche evolutive della Sars-CoV-2, come sta emergendo ora da una combinazione di alta infettività virale e il tasso (elevato) di vaccinazione". (sottolineato e grassetto aggiunto)

Né i vaccinati (che hanno semplicemente creduto che il vaccino li avrebbe protetti dal Covid-19) né i non vaccinati (che semplicemente credono di non aver bisogno di un vaccino per rimanere protetti) possono essere incolpati di questa escalation della pandemia. La vaccinazione di massa è l'unico vero colpevole".

(Una copia di questa lettera è stata inviata all'OMS, NIH, CDC, Bill & Melinda Gates Foundation, GAVI, FDA, EMEA, e ai leader di R&S di Pfizer, Moderna, Astra-Zeneca, J&J, Novavax e GSK).

Capitolo 12: Soppressione del sistema immunitario

Covid-19 è "principalmente una malattia vascolare", secondo i ricercatori - Circulation Research: Il danno ai polmoni è aiutato dalla proteina spike - Il tuo sistema immunitario sta lavorando contro di te per proteggerti dal vaccino.

In una pubblicazione scientifica, i ricercatori del famoso Salk Institute, fondato dal pioniere dei vaccini Jonas Salk, ammettono indirettamente che le vaccinazioni Covid inducono coaguli di sangue pericolosi per la vita e danni sia ai vasi sanguigni che al sistema immunitario.

Abbiamo notato all'inizio di questa settimana che un numero crescente di noti scienziati sta arrivando all'opinione che i vaccini sono il più grande pericolo per la salute umana.

Migliaia di europei e americani hanno già pagato con la loro vita, e centinaia di migliaia con la loro salute, la loro partecipazione "volontaria" al più grande esperimento "medico" della storia.

In Occidente, tutte le vaccinazioni Covid programmano il corpo umano per creare la proteina spike, l'elemento più letale del presunto virus SARS-CoV-2, con l'obiettivo di proteggere gli esseri umani dalle conseguenze dannose della proteina spike.

In poche parole, facciamo produrre al tuo corpo qualcosa di dannoso per fargli generare anticorpi contro quello stesso pericolo, ma non abbiamo idea di come o se questo processo sarà mai fermato.

Allora perché non correre il "rischio" di prendere il virus, che ha dimostrato di non far ammalare il 99,7% della popolazione, se non del tutto? No, nel 2021, quella linea di ragionamento razionale e storicamente non controversa è improvvisamente così antiquata. Non possiamo più contare sul nostro sistema immunitario naturale e dobbiamo invece affidarci a ciò che viene somministrato attraverso una siringa.

Il Covid-19 è soprattutto una malattia vascolare", dice il ricercatore.

L'industria della vaccinazione, i politici e i media continuano ad insistere che la proteina spike è sicura, ma il Salk Institute ha ora stabilito che non è così. Al contrario, i ricercatori del Salk e altri colleghi scientifici avvertono nella pubblicazione "The spike protein of the new coronavirus plays an extra crucial role in disease" che la proteina spike danneggia le cellule, "confermando che il Covid-19 è in gran parte una malattia vascolare".

Un'altra proteina spike che ha provocato tante vittime?

Naturalmente, agli scienziati di Salk è vietato criticare direttamente i vaccini. Ecco perché, secondo il loro articolo, la proteina spike prodotta dai vaccini si comporta in modo molto diverso dalla proteina spike prodotta dal presunto virus.

Per cominciare, questo contraddice tutte le affermazioni dei produttori di vaccini che i loro vaccini creano la stessa proteina spike. In secondo luogo, mette in dubbio l'efficacia dei vaccini, perché se la proteina spike prodotta dai vaccini differisce significativamente da quella prodotta dal virus, che senso ha la vaccinazione (supponendo, per il momento, che questi "vaccini" geneticamente progettati funzionino)?

Sul lato positivo, anche gli scienziati pro-vaccino ora accettano che la proteina spike è da biasimare per un gran numero di morti e persone che soffrono di gravi effetti collaterali e danni alla salute a lungo termine, spesso permanenti. In altre parole, è un'ammissione implicita che le vaccinazioni Covid-19 sono potenzialmente fatali.

La proteina Spike causa lesioni polmonari, secondo una ricerca pubblicata su Circulation Research.

"La proteina spike SARS-Cov-2 compromette la funzione endoteliale inibendo l'ACE-2", secondo uno studio scientifico pubblicato su Circulation Research. L'interno del cuore e dei vasi sanguigni sono rivestiti da cellule endoteliali. Diminuendo i recettori ACE-2, la proteina spike "promuove le lesioni polmonari". Le cellule endoteliali nelle arterie del sangue sono danneggiate, e il metabolismo è interrotto come risultato.

Gli autori di questo studio erano anche a favore della vaccinazione, sostenendo che "gli anticorpi generati dal vaccino" possono proteggere il corpo dalla proteina spike. Essenzialmente, la proteina spike può causare danni significativi alle cellule vascolari, e il sistema immunitario può contrastare questo danno combattendo la proteina spike.

Il sistema immunitario sta cercando di proteggerti CONTRO il vaccino

In altre parole, il sistema immunitario umano si sforza di difendere il paziente dagli effetti negativi del vaccino e dalle contro-reazioni per evitare che il paziente muoia. Chiunque sopravviva al vaccino Covid lo deve alla protezione del proprio sistema immunitario CONTRO il vaccino, non alla vaccinazione stessa.

La vaccinazione è l'arma", conclude Mike 'Natural News' Adams. Il tuo sistema immunitario ti protegge. Tutte le vaccinazioni Covid dovrebbero essere ritirate dal mercato immediatamente e rivalutate per gli effetti negativi a lungo termine basati solo su questa ricerca".

Secondo le statistiche ufficiali VAERS, il numero di morti legate ai vaccini negli Stati Uniti nel 2021 sarà quasi il

4000 per cento in più del numero totale di morti legate ai vaccini nel 2020.

Il santo vaccino non è da biasimare per un attacco di cuore o un'emorragia cerebrale.

Il seguente meccanismo è stato provato scientificamente ed è ormai accertato: le vaccinazioni Covid-19 incoraggiano il tuo corpo a produrre la proteina spike, che può causare danni vascolari e coaguli di sangue, che possono muoversi in tutto il corpo e finire in vari organi (cuore, polmoni, cervello, ecc.). Le persone che muoiono a causa di questo vengono chiamate "infarto", "coagulo di sangue" o "emorragia cerebrale" - i sacrosanti vaccini non possono e non devono mai essere incolpati, non importa quante prove ci siano oggi che dimostrano che sono le cause principali.

I vaccinati sembrano offrire un rischio ai non vaccinati, oltre alla possibilità di danni permanenti o mortali alla propria salute. Molti dei "wappies" della corona che hanno recentemente fatto le loro iniezioni sono stati trasformati in "fabbriche di punte" ambulanti, e possono ora esalare queste proteine di punte. Possono così infettare gli altri attraverso questo processo di 'spargimento'.

I vaccini per le armi biologiche sono stati creati dall'amministrazione dell'apartheid contro la popolazione nera.

I vaccini sono stati a lungo usati come armi biologiche contro il pubblico. Il governo dell'Apartheid del Sudafrica ha creato la tecnologia alla base di tale vaccinazione "auto-replicante". Gli scienziati stavano sviluppando vaccini "razziali" all'epoca, con l'obiettivo di sradicare gran parte della popolazione nera.

Quest'anno, la Johns Hopkins Bloomberg School of Public Health ha proposto di utilizzare un vaccino auto-replicante per "vaccinare" automaticamente l'intera popolazione mondiale. Droni e robot AI verrebbero successivamente utilizzati per far rispettare e monitorare il programma.

Le persone che sono ancora desiderose di iscriversi in un vicolo di vaccini per essere modificati geneticamente per generare una proteina picco potenzialmente pericolosa per la vita sembrano essere state completamente fuorviate dai media mainstream e dai politici di sistema. Sono stati insensibili a tutti gli avvertimenti e alle montagne di prove, e non possono credere che il mondo sia governato da mostri senza scrupoli che non si fanno scrupoli a commettere il potenzialmente più grande genocidio della storia umana.

Capitolo 14: Propaganda della paura

Il governo "ha una massa di anime innocenti sulla coscienza" - "Non credete alle loro bugie", mentre il governo e i media se ne escono con nuove dichiarazioni allarmistiche

Il caporedattore del più grande giornale d'Europa, il tedesco Bild, ha chiesto perdono al pubblico davanti alle telecamere per la propaganda della paura su Covid-19. 'Abbiamo convinto i nostri bambini che avrebbero ucciso la loro nonna se avessero osato essere quello che sono: bambini. O se avessero incontrato i loro amici. Niente di tutto questo è stato provato scientificamente". Ha avvertito il governo che con le dure misure di isolamento, passerà nei libri di storia come leader che avranno 'una massa di anime innocenti sulla coscienza'.

La copertura in Bild "è stata come un veleno", ha ammesso il caporedattore Julian Reichelt davanti alla telecamera. Ha dato ai bambini "la sensazione di essere un pericolo letale per la società", con effetti psicologici altamente dannosi ora dimostrati in tutto il mondo, e in molti paesi un numero nettamente aumentato di suicidi.

'Perdonateci che questa politica vi ha reso vittime per un anno e mezzo'.

Ai milioni di bambini di questo paese di cui la nostra società è responsabile, vorrei testimoniare qui ciò che né il nostro governo né il nostro cancelliere osano dirvi. Vi chiediamo di perdonarci. Perdonateci per questa politica che vi ha reso vittime di violenza, abbandono, isolamento e solitudine per un anno e mezzo".

Abbiamo convinto i nostri figli che avrebbero ucciso la loro nonna se avessero osato essere quello che sono: bambini. O se incontrassero i loro amici. Niente di tutto questo è stato provato scientificamente. Se uno Stato toglie i diritti a un bambino, deve dimostrare che così facendo lo protegge da un pericolo concreto e immediato. Questa prova non è mai stata fornita. È stata sostituita dalla propaganda con cui il bambino è stato presentato come un vettore della pandemia".

Non credere alle loro bugie

Reichelt ha anche sottolineato il fatto che gli esperti con altre opinioni più moderate "non sono mai stati invitati al tavolo". Il caporedattore ha esortato tutti a "non credere a queste bugie" quando il governo e i media se ne escono ancora una volta con ogni tipo di dichiarazioni allarmistiche (sulle varianti, le (false) "infezioni", ecc.)

L'uomo di punta del giornale, che con 1,24 milioni di copie è il più grande d'Europa, ha invitato le autorità a riaprire immediatamente le scuole e i palazzetti dello sport, e ha avvertito i politici che con le loro dure misure di chiusura passeranno nei libri di storia come leader che avranno "una massa di anime innocenti sulla coscienza".

L'Europa si è trasformata in una dura dittatura

Decine di migliaia di manifestanti che protestavano a Berlino contro l'introduzione dei passaporti per le vaccinazioni e contro la discriminazione e l'esclusione dei non vaccinati furono selvaggiamente attaccati dalla polizia. Le immagini shoccanti non erano inferiori alle più dure dittature fasciste che siano mai esistite su questo pianeta. Questo ha spinto il relatore speciale delle Nazioni Unite sulla tortura Nils Melzer a chiedere ai testimoni oculari di farsi avanti per una possibile indagine ufficiale sulle gravi violazioni dei diritti umani.

È stato recentemente rivelato che i servizi segreti tedeschi stanno monitorando e spiando i manifestanti anti-lockdown, sostenendo che sono parte di una "cospirazione" per "disturbare" la società. Il governo europeo ha recentemente approvato una legge che permette di trattare tutte le altre opinioni e voci dissenzienti come "dirompenti per la società". Questa è stata l'ennesima prova che anche il nostro paese si sta trasformando in una dittatura fascista totalitaria da parte dei nostri stessi leader.

Capitolo 15: Nessun vaccino = nessun diritto civile

'Questi oltraggi: Colpa tua! Siete rimasti a guardare e a tollerare in silenzio. Questa è la vostra grande colpa: siete in parte responsabili di questi crimini efferati! Poi sulla sorte degli ebrei, poi sulla sorte dei non vaccinati?

Già nel gennaio 2020, prima ancora che la "corona" arrivasse in Europa, abbiamo scritto che la cosiddetta "pandemia" potrebbe essere un pretesto per l'instaurazione di un governo mondiale tirannico in cui la nostra libertà, democrazia e autodeterminazione avranno una fine completa. Anche se la maggior parte della gente si rifiutava di credere che si sarebbe mai arrivati a questo punto, abbiamo ripetuto questo avvertimento molte volte. Con buone ragioni, perché basta guardare le misure di Apartheid fascista in piena regola che vengono prese in Europa. Come in Italia, dove alle persone non vaccinate viene ora negato l'accesso ai seggi elettorali, e i politici e i parlamentari non vaccinati non sono più ammessi nella lista dei candidati del Partito Democratico.

Al punto 8 del "The Great Reset" del World Economic Forum, termini fioriti sulla presunta difesa dei diritti umani annunciano la fine della nostra democrazia. Se fosse per Klaus Schwab, nessuno avrebbe voce in capitolo sulla propria vita, sul proprio futuro, sulla propria salute e persino sul proprio corpo. Come sappiamo, Sigrid Kaag e Mark Rutte, che hanno

101

letteralmente descritto il Grande Reset di Schwab come "un futuro pieno di speranza", sono pienamente dietro questo colpo di stato tecnocratico pianificato da tempo, e ora in corso, contro la nostra società e il nostro futuro.

Nessun vaccino = nessun voto

Il primo ministro italiano Mario Draghi, che come presidente della BCE da solo ha piantato un chiodo pesante nella bara dell'Eurozona con anni di tassi di interesse negativi, mostra quale sia la vera agenda del pegno Covid e di tutte le sue misure restrittive. Ora che il passaporto Covid è stato ufficialmente introdotto nell'UE, Draghi sta facendo il prossimo passo tirannico rendendo questo passaporto obbligatorio non solo per ristoranti, eventi e trasporti pubblici, ma anche per l'accesso ai seggi elettorali. In altre parole, niente cazzone = niente voto.

L'ex primo ministro Enrico Letta (2013-2014) del Partito Democratico PD, anche presidente del think tank estremista pro-UE Institut Jacques Delors, ha intanto annunciato che i non vaccinati non saranno più inclusi nella lista dei candidati. È solo una questione di tempo prima che gli altri partiti in parlamento, e poi gli altri paesi dell'UE, seguano l'esempio.

'Vaccinazioni al 100% per imporre l'obbedienza totale'

Gli europei possono "non avere armi da fuoco, ma possono reagire in altri modi", commenta l'economista

102

americano Martin Armstrong. 'Questi leader sono così deragliati e senza emozioni perché non possono più mantenere la pretesa di avere tutto sotto controllo. Non possono più finanziare i loro debiti, e non possono concepire di smettere di spendere".

Stanno cambiando l'economia per il Grande Reset PERCHE' il sistema sta fallendo. Il vero obiettivo delle vaccinazioni al 100% è quello di trasformare l'intera società in droni obbedienti'.

I tiranni covidi torneranno a massacrare la gente

Questi tiranni covidi dovranno semplicemente ripiegare sul massacro delle persone". Così, in tutto l'Occidente, i manifestanti per la libertà vengono selvaggiamente attaccati ovunque - come è successo pochi giorni fa a Berlino, quando anche le donne anziane sono state gettate a terra dal medico legale e una donna di 48 anni è stata picchiata a morte con i manganelli - e ritratti dai media come pericolosi estremisti, insorti, "pericoli per la società" e persino terroristi e nemici dello stato.

Se pensate: dove sta andando questo, basta rileggere gli annali storici sulla persecuzione nazista degli ebrei negli anni '30. Sostituite "ebrei" con "non vaccinati", e vedrete da soli le agghiaccianti somiglianze. Come gli ebrei di allora, i non-ebrei e gli anti-vaxxer stanno cominciando a perdere non solo le loro libertà, ma anche i loro lavori e le loro posizioni. (Vedi anche il nostro articolo del 23 settembre 2020: Ecco come il

Reichsmarschall Göring ha convinto la gente a farlo: 'Spaventarli e dire loro che i refusers sono un pericolo').

Se la gente non insorge pacificamente in massa contro questa discriminazione statale, l'esclusione disumana e l'Apartheid, le persone non vaccinate saranno alla fine completamente ostracizzate dalla società. Allora anche una nuova "soluzione finale" si profila dietro l'angolo: i campi di concentramento.

Chi è silenzioso, è d'accordo

'Questi oltraggi: Colpa tua! Siete rimasti in silenzio e avete tollerato in silenzio. Questa è la vostra grande colpa: siete in parte responsabili di questi crimini atroci!" recitava un manifesto distribuito in Germania poco dopo la guerra nel 1945, mostrando alcune fotografie scioccanti di intere pile di cadaveri emaciati di ebrei.

Indifferente allora al destino degli ebrei, indifferente ora al destino dei non vaccinati? Visto l'atteggiamento dei politici e le notizie scandalosamente distorte nei media tradizionali e sociali (01-08: la CNN chiede apertamente che tutti i non vaccinati muoiano di fame), le cose si stanno muovendo molto in quella direzione. Come ho concluso articoli molte volte prima: l'umanità non ha imparato assolutamente nulla dal passato, e sta facendo ESATTAMENTE gli stessi errori fatali di allora. Solo che il numero di vittime di Schwab, Gates, Soros e di tutti i loro lacchè politici sarà un multiplo di quello di Hitler, Stalin, Lenin e Mao sommati insieme.

Tuttavia, c'è ancora tempo per un NO pacifico di massa. Allo stesso tempo, in tutta la nostra storia del dopoguerra, ora più che mai, la regola è: chi tace, acconsente. O la coscienza del popolo e dei suoi dirigenti è già stata ottenebrata a tal punto che la fine di ogni libertà e questa esclusione ed espulsione dei non vaccinati, che porta a una Endlösung, è considerata una bella idea?

Capitolo 16: Abbonamenti ai vaccini?

I ricercatori della divisione 'Virus Watch' dell'University College London (UCL) hanno concluso che i vaccini Covid-19 perdono il loro presunto effetto protettivo dopo solo 6 settimane. Questo significa che ogni persona vaccinata dovrà ricevere nuovi "richiami" ogni 2 o 3 mesi, rendendo l'"abbonamento al vaccino" che abbiamo predetto più di un anno fa una realtà. Gli esami del sangue dimostrano ripetutamente che i vaccini alterano e danneggiano i globuli rossi, causandone il raggruppamento. Nella maggior parte delle persone vaccinate, ci vogliono diversi mesi o qualche anno al massimo prima che comincino a sperimentare gravi effetti da questo.

L'analisi del sangue di 552 persone 'vaccinate', principalmente tra i 50 e i 70 anni, ha mostrato che gli anticorpi presumibilmente prodotti dai vaccini Pfizer e AstraZeneca hanno iniziato a diminuire dopo solo un mese e mezzo. In alcuni, la cosiddetta 'immunità da vaccino' si riduce di più della metà in meno di 3 mesi.

Nonostante il fallimento totale, le "vaccinazioni" continuano

Dall'anno scorso, la popolazione è stata bombardata dai media mainstream con la propaganda che fino a due iniezioni ti proteggerebbe dal Covid-19. Scienziati critici e altri esperti hanno subito fatto notare che molto probabilmente si tratta di una grande sciocchezza. Sono stati vituperati per questo come divulgatori di "disinformazione", ma ora sembrano aver avuto ancora una volta ragione.

Nonostante questo fallimento totale delle loro "sante" iniezioni, i credenti del vaccino non si muovono. Eleanor Riley, professore di immunologia all'Università di Edimburgo, per esempio, sostiene che i risultati erano "attesi", e "non necessariamente un problema".

No, non se l'intenzione fin dall'inizio era quella di dare alla gente 'colpi di richiamo' all'infinito. Questi, sostiene, sarebbero "necessari" per ridurre la "diffusione" della malattia, un'affermazione per la quale, per inciso, non c'è ancora alcuna prova.

In modo permanente sulle iniezioni di richiamo

Al contrario: ci sono sempre più prove che le iniezioni di Covid causano proprio le "varianti" che i media attribuiscono falsamente ai non vaccinati, e che i vaccinati sono più vulnerabili a causa delle iniezioni. Allo stesso tempo, un nuovo studio mostra che l'immunità costruita naturalmente (cioè senza vaccinazione) molto probabilmente offre una protezione per tutta la vita.

Le iniezioni sperimentali di terapia genica mRNA, confezionate come "vaccini", sono nel migliore dei casi un nuovo fantastico modello di business per Big Pharma. Con l'aiuto di politici ignari o senza scrupoli, costringere l'intera popolazione mondiale a farsi

107

iniettare nel corpo iniezioni di richiamo permanenti, e poi anche guadagnare miliardi dalle molte malattie e disturbi (cronici) che la gente si procura come risultato.

Dal 30% al 60% ha già dei coaguli di sangue in formazione

E che questo accada è in realtà un dato di fatto. Diversi studi tra le persone vaccinate in Germania e in Canada, tra gli altri, hanno dimostrato che almeno dal 30% a più del 60% stanno già sviluppando coaguli di sangue. Anche giovani estremamente sani hanno sviluppato miocarditi e pericarditi dopo la vaccinazione. Una delle ragioni principali è l'intasamento dei vasi sanguigni, dei capillari e delle vene.

Abbiamo recentemente calcolato che se i risultati dei medici (generali) in Germania, Canada e Gran Bretagna sono normativi a livello internazionale, tra 150.000 e 400.000 cittadini per un piccolo paese moriranno di coaguli di sangue nei prossimi anni.

Il medico britannico Dr. Van Welbergen, con più di 40 anni di esperienza, fece esaminare al microscopio il sangue dei suoi pazienti a cui era stato iniettato Moderna. I risultati sono stati scioccanti: numerosi globuli rossi sono stati trovati danneggiati, in modo che non scorrevano più "dolcemente" attraverso i vasi sanguigni, ma iniziavano a raggrupparsi.

Questo è inimmaginabilmente sbalorditivo e spaventoso", ha detto il dottor Ruby. Ora sappiamo che i vaccini Pfizer e Moderna sono la causa dei coaguli di sangue e di tutte queste emorragie cerebrali e degli attacchi di cuore, della miocardite, della debolezza, dei disturbi neurologici simili alla guillain-barré e alla MS.... Il sangue sembra avvelenato. Ci sono cose pericolose in esso, e i globuli rossi reagiscono violentemente ad esso e si scompongono". Come risultato, l'ossigeno non viene più trasportato correttamente attraverso il corpo, causando alle persone stanchezza, vertigini, distrazione, confusione, ecc.

Crimini contro l'umanità con il pretesto delle vaccinazioni

Nel frattempo, sempre più vaxxers soffrono della cosiddetta sindrome CoVax (letargia, grave debolezza e stanchezza, sintomi che assomigliano allo stress o al burnout, forti dolori da sparo, problemi di vista e di udito, depressione).

Tra gli adolescenti e i giovani adulti, le iniezioni di Covid hanno già causato 250 volte più morti del (presunto) coronavirus (3). Adams trova quindi incomprensibile che questi "vaccini" possano ancora essere chiamati "sicuri ed efficaci". Si tratta di crimini contro l'umanità con il pretesto di vaccinazioni". Egli avverte persino di "un imminente olocausto di vaccini".

Capitolo 17: bufala climatica e futura dittatura 2030?

La Groenlandia ha appena registrato un aumento record del ghiaccio - Il Brasile perde 10 milioni di sacchi di caffè a causa del FREDDO - La dura realtà del raffreddamento globale finirà per polverizzare la favola del riscaldamento globale della CO2

Le chiusure climatiche diventeranno permanenti, poiché secondo l'Agenda 21 / 2030 dell'ONU, tutte le persone dovranno essere rinchiuse nelle megalopoli, e sarà loro vietato il libero accesso alla natura.

In tutto il mondo, migliaia di veri scienziati non hanno preso sul serio per anni l'IPCC - il pannello climatico delle Nazioni Unite gestito da ideologi di estrema sinistra e da "esperti" da loro approvati. Come è diverso con i politici e i media mainstream, che o per convinzione o per ignoranza credulona hanno pienamente abbracciato questo programma demagogico di falsa scienza, che ha un solo obiettivo: demolire totalmente la libertà, la democrazia e la prosperità in Occidente, e sottoporre il mondo intero a una dittatura comunista totalitaria. L'ultimo rapporto "apocalittico" dell'IPCC è di nuovo pieno di sciocchezze dimostrabili sul riscaldamento globale, ed è solo destinato a spaventare ancora di più la popolazione e a renderla matura per un blocco permanente del "clima".

Il segretario generale dell'ONU Guterres ha già annunciato alla fine dell'anno scorso l'"emergenza climatica", che sarà mantenuta fino al raggiungimento della "neutralità climatica" nel 2050. Questo significa che per i prossimi 30 anni o giù di lì saremo immersi in blocchi climatici, che si susseguiranno in una successione così rapida che presto ci sarà una situazione permanente che non sarà mai invertita nemmeno dopo il 2050.

L'obiettivo: il controllo totale su tutto e tutti

L'obiettivo dell'élite globalista UN/WHO/WEF/EU/IMF è ormai ben noto a tutti voi: controllo totale su tutto e tutti - letteralmente. L'IPCC sta ora cercando di dare una ragione in anticipo per le prossime carenze di cibo, carburante ed energia, e il caos dilagante e la povertà che ne deriverà, con la bugia del "riscaldamento accelerato causato dall'uomo". La vera causa del cambiamento climatico, un continuo raffreddamento dovuto al nuovo Grande Minimo Solare e al rapido indebolimento del campo magnetico della terra, probabilmente non sarà mai ammesso.

Non si può controllare il sole, e non si può nemmeno tassare la nostra stella, quindi gli allarmisti del clima nella politica, nei media e nelle istituzioni come l'IPCC continueranno con i loro falsi messaggi di panico scientifico chiedendo che le emissioni umane di CO_2 devono andare a zero per fermare una catastrofe climatica, e che voi ed io dobbiamo fare grandi sacrifici

112

che porteranno alla fine irrevocabile della nostra libertà
e prosperità attuale, e con essa cose come energia e
cibo accessibili, riscaldamento affidabile e trasporto
privato.

Il sole e il clima non si preoccupano dei dettami occidentali

Nel frattempo, il sole e il clima se ne fregano dei falsi
dettami sul CO_2 degli allarmisti occidentali. A causa del
freddo intenso in Sud America, Argentina e Brasile
devono ora importare grandi quantità di cibo. In Brasile,
10 milioni di sacchi di caffè sono già andati persi a causa
del freddo persistente. Anche in Sudafrica i raccolti sono
stati gravemente colpiti dal freddo record. Negli Stati
Uniti, il freddo e la siccità minacciano di ridurre i raccolti
di grano fino al 70% (cosa avranno gli americani da
mangiare presto?), e le immagini dei disastri delle
inondazioni in Europa e in Cina hanno fatto il giro del
mondo.

Il 'cambiamento climatico' c'è sempre stato e ci sarà
sempre. Il riscaldamento mite e perfettamente normale
del secolo scorso è stato un recupero molto necessario
dal Minimo di Dalton, un periodo freddo di fallimento
dei raccolti, malattie, carenze e povertà.

Non è l'uomo, ma il raffreddamento globale che
storicamente causa sempre condizioni meteorologiche
instabili e più estreme. Gli allarmisti in politica e nei
media stanno solo diffondendo la favola dogmatica e

antiscientifica che il clima dovrebbe sempre rimanere quasi costante e stabile, e qualcosa come poche frazioni di percentuale di CO_2 in più causerebbe un riscaldamento catastrofico.

Purtroppo il nostro futuro è freddo

Temperature in aumento = tempo più stabile, buoni raccolti, meno malattie, migliori condizioni di vita e maggiore biodiversità. Questo è sempre stato vero da tempo immemorabile. Ecco perché le foreste tropicali contengono la maggior parte di tutte le specie di piante e animali della Terra, nonostante occupino solo il 12% della superficie terrestre. Ecco perché le civiltà sono fiorite durante i periodi di aumento delle temperature, e sono cadute di nuovo in declino quando faceva più freddo.

Temperature in calo = SEMPRE grandi problemi. La vita ha molte più difficoltà ad adattarsi al freddo che al caldo. Guarda i poli; solo 600 specie di piante vivono lì, 100 specie di uccelli, nessun rettile e anfibio, e solo 20 specie di mammiferi. Freddo = tempo instabile = raccolti scarsi e falliti = fame = malattie = penuria = guerra, e tanta miseria e morte.

Purtroppo il nostro futuro è freddo, e purtroppo quel futuro è già iniziato. Il sole è entrato in un nuovo Grande Minimo Solare, un ciclo di 400 anni che causerà un raffreddamento prolungato con temperature nettamente inferiori. L'IPCC non vuole che lo sappiate.

In effetti, l'IPCC si rifiuta persino di considerarlo, perché altrimenti questi fatti minerebbero la loro fantasia AGW (Anthropogenic Global Warming). Anche il governo non vuole che lo sappiate, e sta distruggendo proprio la cosa che potrebbe aiutarci a superare questo periodo freddo: energia stabile e accessibile (petrolio, gas, nucleare, carbone), e la sta scambiando con fonti "verdi" estremamente dipendenti dal tempo, insostenibili e molto costose.

L'influenza del sole è solo massima

L'IPCC sostiene che l'influenza del sole sul clima è minima. Questo è semplicistico, per non dire assolutamente ridicolo, perché oltre ai fatti concreti della storia, i veri scienziati dimostrano più volte che il sole è il più grande motore del cambiamento climatico. Per esempio, un sole più debole permette a più raggi cosmici di entrare nella nostra atmosfera, aumentando l'attività vulcanica e promuovendo la formazione di nuvole, cose che influenzano notevolmente la temperatura.

Un recente studio astronomico ha scoperto che la temperatura troppo alta su Giove - un mistero che non poteva essere spiegato in 50 anni - è causata dall'intensa aurora (= attività solare) intorno al pianeta, che ha un potente impatto sul campo magnetico. Questo effetto decisivo dei raggi cosmici sulle atmosfere dei pianeti, e quindi il tempo e la temperatura, è completamente ignorato dall'IPCC. Lo stesso vale per l'effetto di amplificazione risultante dal campo magnetico del nostro pianeta che diminuisce rapidamente.

Il panel dell'ONU sul clima, nonostante i numerosi studi scientifici, ha semplicemente deciso che il sole non dovrebbe avere alcuna influenza sul clima, perché questo mina completamente la loro teoria del CO_2 e quindi il loro diritto di esistere. Questa è pura ciarlataneria ideologicamente guidata, che nella storia conosce solo il suo uguale negli 'scienziati' che il Vaticano ha tirato su per 'provare' che la Terra era il centro dell'universo, ed era davvero piatta e non rotonda.

Livello estremamente basso di CO_2 nell'atmosfera

Inoltre, semplici fatti innegabili, come le sole 450 parti per milione di CO_2 nella nostra atmosfera (= 0,04%) che è storicamente un livello estremamente BASSO* (ma appena al di sopra del limite al quale la vita è possibile sulla Terra (300 ppm)), dovrebbero far sì che anche le persone meno riflessive e più docili senza alcuna conoscenza scientifica si chiedano perché si fa tanto chiasso per un aumento minimo di un gas perfettamente naturale e necessario per tutta la vita, che viene criminalmente travisato come un "gas velenoso".

(* Su una scala temporale geologica, una volta c'erano 7000 ppm di CO_2 nell'atmosfera. Allora il pianeta NON era coperto d'acqua perché tutto il ghiaccio si sarebbe sciolto per il calore).

Ma purtroppo 99 persone su 100 hanno un'innata mentalità da schiavi. Se qualcuno con abbastanza potere e autorità afferma qualcosa, ci crederanno automaticamente, non importa quante prove ci siano al contrario, non importa quanto diametrale e ottuso sia il messaggio e la politica. L'inetta docilità sembra essere nel DNA di tutti noi, e gli psicopatici mongoli del potere che sempre e ovunque riescono ad arrivare in cima sono fin troppo felici di abusarne storicamente.

Falsi modelli di "riscaldamento" che non hanno nulla a che fare con la realtà

Falsi modelli di "riscaldamento" che non hanno nulla a che fare con la realtà

E così si ottengono modelli falsi in base ai quali trilioni di euro e di dollari vengono sottratti alla società (sanità, educazione, lavoro, qualità della vita, sviluppo) per finanziare le politiche climatiche, nonostante il fatto che nessuno di questi modelli si sia avvicinato minimamente alla realtà. Vi ricordate le precedenti sciocchezze dell'IPCC? Il Polo Nord avrebbe dovuto sciogliersi completamente prima entro il 2000, poi entro il 2012, e poi entro il 2020, la neve avrebbe dovuto essere un ricordo del passato, e intere zone costiere avrebbero dovuto essere inondate d'acqua (Florida, Europa, ecc.).

Tutto questo si è rivelato essere la vostra più pura stronzata.

CODICE ROSSO a causa della presa di potere del culto del clima-vaccino

Ma le migliaia di scienziati che hanno un punto di vista totalmente diverso da quello dell'IPCC basato sui fatti concreti non vengono ascoltati e non arrivano ai media. Invece, il pubblico è costantemente inondato da notizie allarmistiche false e da titoli altisonanti come "Codice rosso per l'umanità". C'è solo una ragione per questo, e non si chiama clima, ma controllo totalitario su TUTTI gli aspetti della tua vita attraverso l'implementazione di dirompenti "blocchi climatici", apparentemente per "salvare il pianeta e l'umanità", ma in realtà per condannarti a una povera e miserabile esistenza da schiavo da cui non c'è scampo.

Le politiche climatiche e Covid/vaccini stanno causando danni disastrosi e irreparabili alla fornitura globale di cibo, alle catene di trasporto, all'economia e alla qualità della vita. Durante i prossimi "blocchi climatici", la popolazione sarà molto più facile da controllare quando finalmente si ribellerà a causa delle continue carenze di cibo ed energia, e misure ancora più draconiane potranno essere rapidamente imposte. Non avrete più alcuna voce in capitolo o libertà, e gran parte della vostra ricchezza sarà scomparsa (vedi anche il nostro articolo del 12-01: Deutsche Bank: Green Deal EU significa mega crisi, eco-dittatura e grande perdita di ricchezza).

Quindi c'è davvero un CODICE ROSSO per l'umanità. Tuttavia, non a causa del clima, ma a causa della setta clima-vaccino sostenuta da quasi tutti i partiti che ha preso il nostro sistema politico completo in una morsa, e che vuole sottomettere il nostro popolo, il mondo e il futuro in un tempo rapido a un'autorità mondiale comunista UN/WHO/WEF/EU/IMF, la dittatura più dura e disumana che questo pianeta abbia mai conosciuto.

I nostri altri libri

Dai un'occhiata ai nostri altri libri per altre notizie non riportate, fatti esposti e verità sfatate, e altro ancora.

Unisciti all'esclusivo Rebel Press Media Circle!

Riceverai nuovi aggiornamenti sulla realtà non denunciata nella tua casella di posta ogni venerdì.

Iscriviti qui oggi:

https://campsite.bio/rebelpressmedia

Lightning Source UK Ltd.
Milton Keynes UK
UKHW020639010921
389845UK00013B/926